일본어 작문노트 II

김옥임 · 노명희 · 나성은 · 김훈아

01 | 책을 사용하는 분들께

자신의 생각을 표현하는 적극적인 방법에는 말과 글이 있습니다. 두 가지 방법 중 여러분은 어느 쪽이 더 어려우신지요. 그 자리에서 자신의 의견을 바로 전달할 수 있는 말에 비하면, 글은 먼저 종이와 펜을 준비하고 한 자 한 자 써내려 가는 과정이 필요합니다. 그 과정은 시간과 정성이 필요하지만, 자신의 생각을 정리하고 다듬을 수 있어 언어를 사용한 표현 중에서 가장 성숙된 방법이라고도 할 수 있을 것 같습니다.

첨단기술이 발달한 오늘날은 글로 자신을 표현하는 방법에도 커다란 변화가 생겼습니다. 아날로그적인 편지보다는 전자우편이 주된 수단이 된 것이지요. 그리고 거의 매일 주고받는 휴대전화의 문자메일이나 이메일은 글로 자신의 의견을 전달하는 일의 무게를 많이 덜어 주었습니다. 하지만 이러한 일을 외국어로 해야 할 경우는 여전히 지레 겁을 먹게 마련이지요.

이 책은 대학에서 일본어를 전공하는 2, 3학년 학생들과 오랜 시간 수업한 일본어작문을 토대로 만들었습니다. 학생들이 어려워하고 함께 고민하던 문제들을 한데 모아 『일본어 작문 노트 I 』과 『일본어 작문 노트 II 』로 정리했습니다.

『일본어 작문 노트 II 』는 다양한 테마로 자유롭게 작문할 수 있도록 했습니다. 테마와 관련된 어휘는 여러분이 실제 작문을 하는데 도움이 될 것입니다. 〈원 포인트〉와 〈문형파워〉는 중급수준의 일본어 표현 다지기로 만들어졌습니다. 재미있게 확인해 가며 학습할 수 있기를 바랍니다.

외국어를 배우는 일은 언어를 통해 또 다른 문화와 다양성을 이해하고 그들과 자유롭게 대화를 나누기 위해서만은 아닐 것입니다. 모국어가 가지고 있는 빛깔과는 다른 새로운 빛깔의 세계와 만날 수 있기 때문이기도 하지요. 또한 표현의 다양성을 경험하는 것은 그만큼 인생이 풍요로워질 수 있는 가능성을 열어주는 일이라 하겠습니다. 그리고 그 기쁨은 단순한 반복학습처럼 보일지는 모르나 부단한 노력으로 다른 빛깔을 제 것으로 만든 사람들만이 누릴 수 있는 혜택이겠지요.

이 책은 여러분보다 앞서 같은 어려움과 같은 기쁨을 누린 선배들이 후배들을 위해 마련했습니다. 부디 미리 좌절하지 마시고 한국어와 또 다른 언어의 세계를 여행하는 즐거움을 같이 나누었으면 합니다.

정성을 담아 마련한 이 작문노트가 여러분이 채워나가는 한 자 한 자로 멋진 작문책으로 거듭나기를 기대합니다.

2006년 새봄에
저자 일동

I

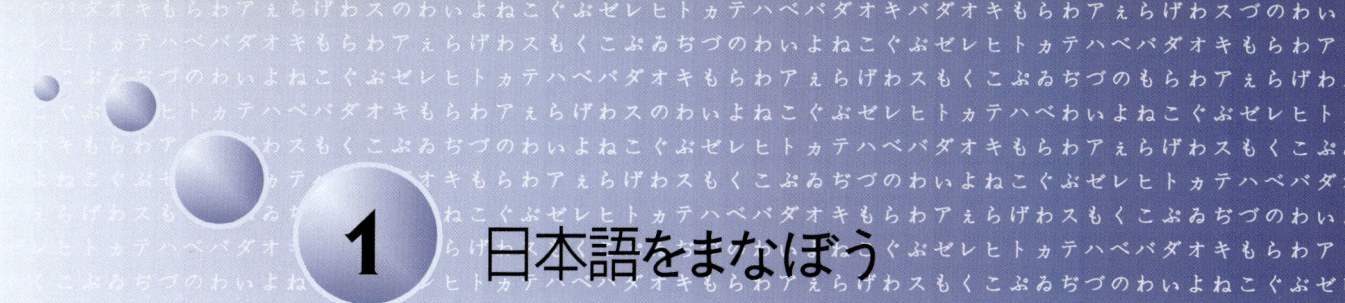

1. 力になる！ 語彙

会話(かいわ)	読(よ)み書(か)き	を間違(まちが)える	ていねいに話(はな)す
専攻(せんこう)する	辞書(じしょ)を引(ひ)く	**⑤ 物覚(ものおぼ)え**	上手(じょうず)になる
専門家(せんもんか)	送(おく)り仮名(がな)	テキスト	**上達(じょうたつ)する**
通訳(つうやく)する	ルビ(漢字のふりがな)	ページを開(ひら)く	下手(へた)だ
翻訳(ほんやく)する	**③ まねをする**	覚(おぼ)える	テープを聞(き)く
① バイリンガル	復習(ふくしゅう)する	学(まな)ぶ	**繰(く)り返(かえ)す**
母国語(ぼこくご)	予習(よしゅう)する	習(なら)う	ゆっくり話(はな)す
ネイティブスピーカ	語学研修(ごがくけんしゅう)	を始(はじ)める	アクセント
② 身(み)ぶり手(て)ぶり	留学(りゅうがく)する	を終(お)える	イントネーション
身(み)につく	**④ 締(し)め切(き)りを守(まも)る**	**⑥ 宿題(しゅくだい)を出(だ)す**	

① バイリンガル ： 이중 언어를 구사하는 사람

② 身(み)ぶり手(て)ぶり ： 손짓발짓

③ まねをする ： 흉내를 내다

④ 締(し)め切(き)りを守(まも)る ： 締め切り를 〆切라고 표기하기도 함

⑤ 物覚(ものおぼ)え ： 기억

⑥ 宿題(しゅくだい)を出(だ)す ： 숙제를 내다

　　宿題を提出(ていしゅつ)する ： 숙제를 제출하다

2. 間違いやすい！

日本の映画とドラマを見て日本語の勉強を始めました。しかし、もし日本へ行っていなかっ

たら単に興味で終わってしまって、すでに日本語を学ぶのを止めていたかもしれません。

東京に友達がいて遊びに行ったら、名前の振りがなを 「池（じ）」と書いたら、一人の
　　　　　　　　　　　　　　　　行った時　　　　　　　　　　　　ぢ

男の人がにやにやしました。後でわけを聞いたら「ぢ」の発音が病気の「痔」と ほとんど同
　　　　　　　　　　　　　　　　　　　　　　　　　　　　　　　　　　　　まったく

じだから誤解されたようです。それで、 「ぢ」の代わりに 「じ」を使った方がいいと言われたこ

ともあります。

集まった人の中には韓国語が話せる人が何人かいましたが、韓国人のようなイントネーショ

ンを使う人がもっとよく聞こえました。そして、私は日本語をただ話すだけではなくて、日本人
　の方が　　上手に

のように話すことが大事だと思うようになりました。そのために一番いい方法は日本人のしゃべ

り方をまねしていることだと思います。今は、テレビを見る時も発音とイントネーション、アクセン
　　　する

トに気を使い、よくまねをしながら勉強しています。日本人に間違えるその日まで日本語の勉強
　　　　　　　　　　　　　　　　　　　　　　　　　　間違われる

を一生懸命やると思います。
　　　　つもりです

日語日文学科　3年　○○さん

3. 書いてみよう！

원 포인트

> ないで/ なくて
>
> 동사 「て」의 부정형에는 「ないで」, 「なくて」의 두 가지 형식이
> 있습니다.

>>> ないで : 계속적인 동작 (「-하지 않고 」라는 의미로 부대상황에 사용).
　　　「ずに」는 「ないで」의 문어체 표현

> 傘を持た<u>ないで</u>出かけて雨に降られてしまった。
> 우산을 안가지고 나가서 비를 맞아 버렸다.

>>> なくて : 단순접속 (「-하지 않아서」라는 부정의 이유).

> 子供の体が丈夫で<u>なくて</u>大変だ。
> 아이 몸이 튼튼하지 않아서 큰일이다.

1. ないで가 「-하지 않아서 」라는 부정의 이유로 쓰일 때는 仕事がうまくいかない
で困っています (일이 잘 되어가지 않아서 곤란해 하고 있습니다.) 思ったより早
く進まないで助かった (생각보다 빨리 진행되지 않아서 다행이었다.) 와 같이 뒷
문장이 困る나 助かる등의 감정이나 평가를 나타내는 표현이 옵니다.

2. 형용사와 명사에는 なくて (○)、ないで (×)

> おも　ねだん　やす
> 思ったより値段が安く<u>なくて</u>がっかりした。
>
> 생각보다 가격이 싸지 않아서 실망했다.

3. 「ほしい」나 「ください」 표현 앞에서: ないで (○)、なくて (×)

> えんりょ　　　　め　あ　くだ
> 遠慮し<u>ないで</u>どんどん召し上がって下さい。
>
> 사양하지 말고 많이 드세요.

練習 問題

ないで / なくて중에서 적당한 것을 고르시오.

1. しけん　　　　　　むずかし
   試験はそれほど難しく＿＿＿＿＿＿＿＿ほっとした。

2. す
   ここではたばこを吸わ＿＿＿＿＿＿＿＿ほしい。

3. にほん　はじ　い　ごろ　にほんご　　　　　　　　　　　くろう
   日本に始めに行った頃は日本語がわから＿＿＿＿＿＿＿＿苦労した。

4. うんどう　　　　　　　　　　　　　　　　たいじゅう　すこ　ふ
   運動してもちっともやせ＿＿＿＿＿＿＿＿、かえって体重が少し増えた。

5. こきょう　　い　　　　　　　　　　りょこう　い
   故郷には行か＿＿＿＿＿＿＿＿ヨーロッパ旅行へ行った。

6. あ　　　　　　　　　　　ふとん　はい
   シャワーを浴び＿＿＿＿＿＿＿＿、布団に入ってはいけません。

7. こども　　　　　べんきょう　　　　　こま
   子供がちっとも勉強し＿＿＿＿＿＿＿＿困っています。

8. せき　あ　　ま　　　　　　　　さき　かえ　くだ
   席が空くまで待た＿＿＿＿＿＿＿＿先に帰って下さい。

9. 昔の彼はやさしく_____かっこうもよくなかった。

10. 現金が_____、カードで支払った。

文型パワー　　あ〜い

1. _____また電話します。（나중에）

2. それも「時間」が_____ のお話で、今はどうしても無理です。（-한 다음의）

3. さんざん迷った_____、彼には手紙で謝ることにした。（한 끝에）

4. 彼は驚きの_____、自分の目を疑った。（너무나 -한 나머지）

   * 감정을 나타내는 연체사＋ の ＋ あまり

5. 今の仕事に_____を感じる。（보람）

6. 高校を卒業して_____、恩師とは一度も会っていない。（-이래）

7. 味は_____見た目もすごくきれいです。（말할 것도 없고）

(答)　1. あとで　　2. あって　　3. あげく　　4. あまり　　5. 生きがい

　　　6. 以来　　　7. 言うまでもなく

携帯電話

휴대전화인 **携帯電話**<ruby>けいたいでんわ</ruby>는 흔히 **携帯**라고 합니다. **カメラ付き携帯**、**MP3付き携帯**、 그리고 **テレビ付き携帯** 등 종류가 다양한 것은 우리와 마찬가지입니다. 전철 등의 대중교통수단이나 레스토랑 등 사람이 많이 모이는 공공장소에서의 사용은 따가운 눈총을 받을 수 있습니다. 그럴 때는 진동인 **マナモード**를 설정해 두거나, 문자인 **メール**을 사용하는 것이 좋겠지요. 휴대전화 메일의 경우도 한자변환을 해야 하기 때문에 한글이나 영문에 비하면 익숙해지는데 시간이 걸리지 않을까요?

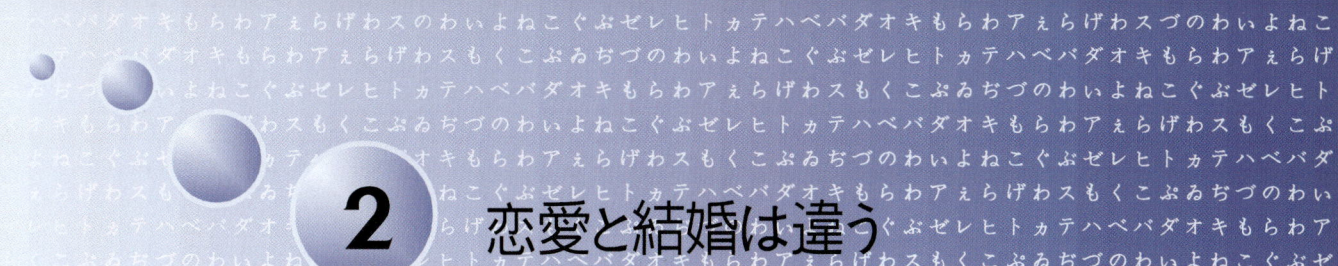

恋愛と結婚は違う

1. 力になる！ 語彙

結婚式(けっこんしき)をあげる	司会者(しかいしゃ)	婚姻届(こんいんとどけ)	巡(めぐ)り合(あ)う
恋愛(れんあい)	ハネムーン =新婚旅行(しんこんりょこう)	④ 婚養子(むこようし) =入(い)り婿(むこ)	カップル
婚約者(こんやくしゃ) =フィアンセ	ほやほや	片思(かたおも)い =片恋(かたこい)	⑥ 相性(あいしょう)
新婦(しんぷ) =花嫁(はなよめ)	愛(あい)する =恋(こい)する	初恋(はつこい)	新居(しんきょ)
新郎(しんろう) =花婿(はなむこ)	③ 結納(ゆいのう)をかわす	未婚(みこん) =独身(どくしん)	華(はな)やかだ
晩婚(ばんこん)	結婚指輪(けっこんゆびわ)	既婚(きこん)	理想(りそう)のタイプ
再婚(さいこん)	プロポーズする	実家(じっか)	⑦ 縁結(えんむす)び
離婚(りこん)	誓約(せいやく)	⑤ おしどり夫婦(ふうふ)	縁(えん)を切(き)る
① 同棲(どうせい)	結(むす)ばれる	に出会(であ)う	交際(こうさい)する
お祝(いわ)い	幸(しあわ)せになる	お見合(みあ)い	人柄 (ひとがら) ／家柄(いえがら) がいい
② 仲人(なこうど)	祝電(しゅくでん)	惚(ほ)れる	⑧ わがまま ↔ 思(おも)いやり
恋人(こいびと)	披露宴(ひろうえん)	一目惚(ひとめぼ)れ	⑨ 家庭(かてい)をきずく

① 同棲(どうせい) : 동거.　∴ 同居(どうきょ)는 남녀 관계없이 한집에서 같이 사는 것을 말함

② 仲人(なこうど) : 중매인　　　　　　　　③ 結納(ゆいのう) : 함

④ 婚養子(むこようし)=入り婿(いりむこ) : 데릴사위　　⑤ おしどり夫婦(ふうふ) : 잉꼬부부

⑥ 相性(あいしょう) : 궁합. 相性がいい (↔ 相性が悪い)

⑦ 縁結(えんむす)び : 부부 인연을 맺음

⑧ わがまま : 제멋데로 굶. 例) わがままを言う　　⑨ 家庭(かてい)をきずく : 가정을 이루다

2. 間違いやすい！

私は29才か30才に結婚したい。遅すぎるんじゃないと思われるかも知れないが、私は確実な

職業に就いてお金もたくさん稼いでから結婚したい。若い時結婚するのはよくないと思う。年を取っ

ていくにつれて強く思うようになった。きっと自分に合うすてきな相手に巡り合うことができると思う。

男は安定的な職業に就いている人で、私を多く愛している人ならいい。お酒はある程度
〔*結婚の相手*〕　　　　　　　　　　　　　　　〔*たくさん*〕

飲めて、タバコは吸わない人がいい。そして、お見合いとか両親が決めた人ではなく、

自然の会いの中で付き合った人と結婚したい。
〔*出会い*〕

　そして、子供は二人がいい。男の子一人、女の子一人が理想的であろう。

　仕事は続けたい。家のことは夫と互いに手伝い合いながらやりたい。例えば、私が
　　　　　　　　　　　〔*食事の準備をしたら*〕

ご飯を炊いたら夫は皿洗いをするとか。子供たちにも自分の部屋の掃除ぐらいはさせるつもりだ。

家事はママの仕事ではなく、家族みんなが一緒にやらなければならないということを教えたい。
　　　　　　　　　　　　　　　　　　　〔*ふと*〕

　昨日「幼い花嫁」という映画を見た。いきなり、結婚したいと思った。このごろ、何か物寂

しい。恋人がほしい。

日語日文学科　3年　○○さん

3. 書いてみよう！

に／で

>>> に : 행위나 사건이 발생한 **시간을** 나타낸다.

1. 今朝、朝、今日、昨日、あした、先週、今週、来週、先月、今月、
   来月、去年、今年、来年、最近등에는「に」를 쓰지 않는다.

2. 시간, 장소의 범위를 나타낸다.

>>> で : 행위나 사건이 일어난 **장소를** 나타낸다.

1. 수단, 방법을 나타낸다.

2. 재료를 나타낸다.

3. 필요한 시간, 돈을 나타낸다.

> 買い物は一時間でできる。
>
> 쇼핑은 한 시간 안에 가능하다.

4. 원인을 나타낸다.

> 今日インフルエンザで会社を休みました。
>
> 오늘 독감으로 회사를 쉬었습니다.

練習問題　に／で

に／で 중에서 적당한 것을 고르시오.

1. ベンチ＿＿＿＿＿＿座った。　　　　＊ 장소의 범위

2. ベンチ＿＿＿＿＿＿寝た。　　　　　＊ 행위의 장소

3. 庭＿＿＿＿＿池を作った。

4. ここは鉛筆＿＿＿＿＿＿＿書きなさい。

5. 山の上＿＿＿＿＿＿月を見た。

6. 山の上＿＿＿＿＿＿月が見える。

7. 喜び＿＿＿＿＿＿＿泣いた。

8. 心＿＿＿＿＿＿＿泣いた。

9. 心＿＿＿＿＿＿誓った。

10. そんなやり方＿＿＿＿＿＿はだめだ。

11. そんなやり方＿＿＿＿＿＿は反対だ。

12. そんなやり方＿＿＿＿＿＿はついていけない。

13. 一時間で＿＿＿＿＿＿1,000円だ。

14. 3人＿＿＿＿＿＿1人は携帯を持っています。

15. やっとこれ＿＿＿＿＿＿仕事が終わった。

16. 10日（とおか）＿＿＿＿＿仕事が終わった。

17. 銀行＿＿＿＿＿お金を預けた。

18. 銀行＿＿＿＿＿お金を引き出した。

19. 宝くじ＿＿＿＿＿当たった。

20. 一週間＿＿＿＿＿できる。

文型パワー　　い～お

1. ＿＿＿＿＿＿＿＿何が言いたいんだ。（이제 와서）

2. 味は＿＿＿＿＿＿＿＿見た目もすごくきれいです。（말할 것도 없이）

3. 日本に留学するかどうかは、よく考えた＿＿＿＿＿＿決めます。（-다음에）

4. 若い＿＿＿＿＿＿＿勉強しなさい。（-중에）

5. ご飯が冷めない＿＿＿＿＿＿＿召し上がって下さい。（-하기 전에）

6. 一日＿＿＿＿＿＿＿来ている。（마다, 걸러）

7. 絶滅の＿＿＿＿＿＿＿のある野性動物の保存を図る会。（우려）

交通、路線図

철도가 발달한 일본에는 鉄ちゃん이라 부르는 철도 메니어들이 있을 정도로 인기가 대단하며, 일반인들도 자동차나 버스보다는 철도여행을 즐기는 경우가 많습니다. **タクシー**는 지방에 따라 다소 차이가 있지만 기본요금이 600円 이상이니 비싼 편이지요. 도심의 **バス**는 전철이 닿지 않는 곳과 역을 연결하는 역할을 하고, 대부분은 JR이나 私鉄, 地下鉄 등을 이용하지만, 한국과 비교해 다른 물가보다 교통비는 비싼 편이라 하겠습니다.

반도체 기판처럼 짜여진 路線図 보기는 쉽지 않지만 インターネット을 통해 출발지와 목적지간의 소요시간과 요금, 출발과 도착시각 등을 검색할 수 있습니다.

3 家族になれてよかった！

1. 力になる！語彙

家族(かぞく)	核家族(かくかぞく)	孫(まご)／まごむすめ／まごむすこ	⑥ 共(とも)働(ばたら)き＝共稼(ともかせ)ぎ
夫(おっと)＝主人(しゅじん)	大家族(だいかぞく)	甥(おい)/姪(めい)	⑦ 勘当(かんどう)する
妻(つま)＝家内(かない)	姉妹(しまい)	① 従兄弟(いとこ)	⑧ 生(お)い立(た)ち
お父(とう)さん＝父親(ちちおや)＝父(ちち)	兄弟(きょうだい)	先祖(せんぞ)＝祖先(そせん)	育(そだ)てる
お母(かあ)さん＝母親(ははおや)＝母(はは)	一人っ子(ひとりっこ)	家庭(かてい)を守(まも)る	育(そだ)つ
祖父(そふ)	長男(ちょうなん)／長女(ちょうじょ)	二世帯(にせたい)住宅(じゅうたく)	⑨ 一人(ひとり)暮(ぐ)らし
祖母(そぼ)	次男(じなん)／次女(じじょ)	② 身内(みうち)	ペット
両親(りょうしん)＝親(おや)	末っ子(すえっこ)	③ 親孝行(おやこうこう)	高齢化(こうれいか)
息子(むすこ)	子供(こども)	跡継(あとつ)ぎ	低出産(ていしゅっさん)
娘(むすめ)	親戚(しんせき)	義理(ぎり)の母(はは)	ベビー＝赤(あか)ちゃん
専業主婦(せんぎょうしゅふ)	性格(せいかく)が朗(ほが)らかだ	養子(ようし)	にぎやかだ
育児(いくじ)	手伝(てつだ)う	豊(ゆた)かさ	過(す)ごす
暖(あたた)かい	厳(きび)しい	④ 心(こころ)がやすまる	支(ささ)える
大切(たいせつ)だ	に住(す)む	⑤ 絆(きずな)	⑩ 励(はげ)ます

① 従兄弟(いとこ) : 사촌
② 身内(みうち) : 집안 식구, 가족
③ 親孝行(おやこうこう) : 효도함. 효도
④ 心(こころ) がやすまる : 차분해지다
⑤ 絆(きずな) : 유대, 情理
⑥ 共(とも)働(ばたら)き : 맞벌이
⑦ 勘当(かんどう)する : 부자간의 인연을 끊다.
⑧ 生(お)い立(た)ち : 성장과정
⑨ 一人(ひとり)暮(ぐ)らし : 싱글 족
⑩ 励(はげ) ます : 격려하다

2. 間違いやすい！

高校の時、こんな質問を受けた。

生きている間

「生きる、生涯の中で、お金と愛と名誉と知性と友達と家族の中で一つずつ捨てるなら何

から捨てるか。」

「えーと、まず、名誉を捨てる。人から認められることなど気にしない。そして、二番目に

は家族を選んだ」

時には

押し黙ってそう言った。時には義務から、たまには本能的な関心から家族は負担になるか

らだ。うまく覚えていないけど、最後には知性と言ったような気がする。

じっくり

何年か経ち、深刻に考える間に違った思考ができた。義務なり本能なり家族との関係は切っ

ては切れない仲なのだ。これからもっと自分の思考と生活にかかわる家族関係について説き

明かすべくじっくり考えていきたい。

日語日文学科　3年　○○さん

3. 書いてみよう！

원포인트

自動詞／他動詞

>>> 自動詞 : 일반적으로 목적어「を」를 취하지 않는 것이 특징.

1.「に」를 취하는 자동사

> 似(に)る、会(あ)う、賛成(さんせい)する、かみつく、
> さわる、触(ふ)れる、乗(の)る、ぶつかる、とびかかる等

2.「を」를 취하는 이동 동사

> 出(で)る、歩(ある)く、通(とお)る、越(こ)える、渡(わた)る

》》》 他動詞 :　일반적으로 목적어 「を」를 취하는 것이 특징.

》》》 양용동사 (자동사, 타동사 양쪽으로 다 쓰이는 동사)

> 終(お)わる、増(ま)す、開始(かいし)する

》》》 自動詞 ／ 他動詞

- 起きる／起こす　　落ちる／落とす　　降りる／降ろす

- 切れる／切る　　焼ける／焼く　　割れる／割る　　折れる／折る

- 出る／出す　　冷える／冷やす　　増える／増やす　　揺れる／揺らす

- 流れる／流す　　壊れる／壊す　　汚れる／汚す　　隠れる／隠す

- 動く／動かす　　減る／減らす　　済む／済ます　　沸く／沸かす

- 残る／残す　　直る／直す　　起る／起こす

- 上がる／上げる　　かかる／かける　　伝わる／伝える　　決まる／決める

- 開く／開ける　　付く／付ける　　続く／続ける　　止む／止める

て / し

>>> て : 망라적으로 사물을 열거, 단순연결 (-하고)

> 彼はハンサムだ。彼はやさしい。
>
> → 彼はハンサム<u>で</u>、やさしい。 그는 잘생기고 친절하다.

>>> し : 같은 성질의 그룹을 열거, 추가적인 이유를 완곡하게 표현 (-하고)

N／AV＋だし、V／A＋し

> あの店は安い。あの店は料理もおいしい。
>
> → あの店は安い<u>し</u>、料理もおいしい。 그 가게는 싸고 맛있다.

한 가지 예를 들어 다른 일을 암시하는 기분 (-고, -니)

> お茶は飲んだ<u>し</u>、もう帰りましょう。
>
> 차도 마셨<u>으니</u> 이제 갑시다.

文型パワー　か～く

1. このような問題を＿＿＿＿＿いるのは、はたして韓国だけなのだろうか。

   （떠안고 있는）

2. このところずっと病気＿＿＿＿＿です。（-하기 쉽다. -하는 경향이 많다.）

   * 동사의 マス형에 연결

3. 私＿＿＿＿、人間離れしたスーパーマンの集まりだ。（-로 말하자면）

   * 문제, 걱정, 해결책을 찾기 어려워 고민하다.

4. 彼女は海が好き＿＿＿＿＿＿。（-ㄹ지도 모른다）

   * 형동 어간 ＋ かも知れない

5. 説明を聞いた＿＿＿＿＿、すぐにできるというものではない。（-라고 해서）

6. 試験を受けない＿＿＿＿＿、レポートを出す。（-대신에）

7. 昨日に＿＿＿＿＿、ぐんと寒くなりました。（-비해서）

（答）1. 抱えて　2. がち　3. から言わせれば　4. かも知れない　5. からといって
6. 代わりに　7. 比べて

3. 家族になれてよかった！ ● 31

買い物

　쇼핑인 **買い物**^か는 **デパート**뿐 아니라　전자제품 등의 **量販店**^{りょうはんてん}, 그리고 **スーパーマーケッ** **ト**이나 **100円ショップ** 등이 있습니다. 역 주변에는 **スーパー**나 **商店街**^{しょうてんがい} 등이 모여 있어 편리하지만, 주택가로 들어가면 편의점인 **コンビにー**를 가끔 볼 수 있을 뿐입니다.

　문구류나 플라스틱 제품, 의류 등까지 갖춘 **100円ショップ**을 둘러보는 것도 재미있겠지요. 그보다 1円 싼　**99円ショップ**에는 **100円ショップ**에는 없는 야채 등의 **生鮮食品**^{せいせんしょくひん}을 판매하는데다 24시간 영업이라 혼자 사는 **一人暮し**^{ひとりぐらし} 등에게 인기가 있습니다.

　대형서점과 역 주변의 작은 서점 외에도　**古本屋**^{ふるほんや}를 쉽게 볼 수가 있는데, **東京**의 **神保町**^{じんぼうちょう}는 가장 유명한 고서점가입니다. 전국 규모의 고서체인점에서는 **半額**^{はんがく} 혹은 100円 으로도 책을 구입할 수 있고, 중고 음반이나 DVD, 게임소프트도 구입할 수 있습니다.

1. 力になる！語彙

教(おし)える	テストを受(う)ける	にわか勉強／徹夜 (てつや)	教師(きょうし)
受(う)かる↔落(お)ちる	家庭教師(かていきょうし)	受験(じゅけん)する	理科(りか)
合格する(ごうかくする)↔不合格する	英才教育(えいさいきょういく)	**講義(こうぎ)を受(う)ける**	**7** 指導教官(しどうきょうかん)
始業式(しぎょうしき)＝入学式(にゅうがくしき)	専門学校(せんもんがっこう)	教科(きょうか)	教え子(おしえご)＝弟子(でし)
卒業式(そつぎょうしき)＝終業式(しゅうぎょうしき)	**時間割(じかんわり)**	成績(せいせき)	クラス＝学級(がっきゅう)
高等学校(こうとうがっこう)＝高校(こうこう)	予備校(よびこう)	**5** **工夫(くふう)**	**8** **寮(りょう)**
中学校(ちゅうがっこう)	留年(りゅうねん)	出席(しゅっせき)	英会話(えいかいわ)スクール
小学校(しょうがっこう)	**浪人(ろうにん)二浪、三浪**	欠席届(けっせきとど)け	**9** 単位(たんい)を取(と)る
幼稚園(ようちえん)	**3** 授業料(じゅぎょうりょう)	学籍番号(がくせきばんごう)	教授(きょうじゅ)
短期大学(たんきだいがく)＝短大(たんだい)	研究室(けんきゅうしつ)	サークルルーム	**退屈(たいくつ)だ**
1 **サボる**	休学(きゅうがく)	**6** **ゼミ**	**10** 一限(いちげん)
2 **塾(じゅく)**	**4** 教育(きょういく)ママ	図書館(としょかん)	**11** **レジュメ**
専攻(せんこう)する	研究室(けんきゅうしつ)	**奨学金(しょうがっきん)**	**12** 修士(しゅうし)

1 サボる：땡땡이 치다

2 塾(じゅく)：입시학원

3 授業料(じゅぎょうりょう)：등록금

4 教育(きょういく)ママ：치맛바람

5 工夫(くふう)：궁리

6 ゼミ：① 연구모임 ②세미나

7 指導教官(しどうきょうかん)：지도교수

8 寮(りょう)：기숙사

9 単位(たんい)を取(と)る：학점을 따다

10 一限(いちげん)：1교시

11 レジュメ：발표자료

12 修士(しゅうし)：석사

2. 間違いやすい！

大学へ通い〔通ってから〕もう約2年ほどたった。はじめは学校が狭いとぐすぐす言っていたが、最近に〔になって〕

特別な愛着ができた〔沸いてきた〕。このごろよく行く場所は水晶館の3階の語学室だ。試験の時を除い

ていつも人がいない〔空いている〕。ここで主にビデオを見たり、音楽を聞いたりする。

インターネットをしたい時はサークル棟に行く。コンピュータは約20台あるが、何よりコン

ピュータの性能がいい。Na会員だけが利用できるように作ったところだが、契約が終わった〔ので〕

から皆が利用できるようになった。

図書館には本を借りによく行く。6階の窓際に腰をかけて坂道を上がったり、下がったりする

学生達を眺めるのが好きだ。図書館の前は約束〔待ち合わせ〕の場所だから〔であるためか〕、周辺にはいつもたくさんの

人々が立っている。〔最近ばかり〕流行のファッションも見られるし出会いと離別〔別れの〕の様子も楽しい。

このように、学校は狭いけれど好きな空間はけっこう多いのだ。

日語日文学科　1年　○○さん

3. 書いてみよう！

원포인트

疑問詞 (의문사)

だれ (누가)、 いつ (언제)、 どこ (어디서)、 何 (무엇)、 どう (어떻게)、
どうして／なぜ (왜)、 どの (어느)、 どれ (어느 것)、 どっち (어느 쪽)、
どれぐらい (어느 정도)、 いくら (얼마)、 どんな (어떤)、 いくつ (몇개, 몇살)

練習問題

다음에 알맞은 의문사를 넣으시오.

1. 一本_{いっぽん}＿＿＿＿＿＿＿＿＿ですか。

2. ＿＿＿＿＿＿＿＿＿から庭_{にわ}に鳩_{はと}が来_くるようになった。

3. ＿＿＿＿＿＿＿＿＿ご存_{ぞん}じの方_{かた}いらっしゃいますか。

4. ＿＿＿＿＿＿＿＿＿帰_{かえ}るか、前_{まえ}もって言_いってくれなきゃ、困_{こま}るわよ。

5. ソウルから東京_{とうきょう}まで＿＿＿＿＿＿＿＿＿かかりますか。

6. 最近_{さいきん}、＿＿＿＿＿＿＿＿＿スポーツをしますか。

7. お子_こさんは＿＿＿＿＿＿＿＿＿ですか。

8. 誰_{だれ}が＿＿＿＿＿＿＿＿＿言_いっても、明日_{あした}は学校_{がっこう}には行_いかない。

9. ＿＿＿＿＿＿＿＿＿＿からか鳥の声が聞こえる。

10. ＿＿＿＿＿＿＿＿＿＿を紹介しようかと考えています。

11. ＿＿＿＿＿＿＿＿＿か、怒る気持にならなかった。

12. 答えは○と、×と、二つに一つだから、＿＿＿＿＿＿＿を選びなさい。

13. AとBと＿＿＿＿＿＿＿を選びなさい。

14. 本当のことをいってもいいか＿＿＿＿＿＿＿わからなかった。

15. あれは＿＿＿＿＿＿、買い物に出かけた日のことだ。

16. 学校は＿＿＿＿＿＿＿＿に始まりますか。

17. 日本の食べ物を＿＿＿＿＿＿＿思いますか。

18. 明日は日曜日だから、＿＿＿＿＿＿＿行きましょう。

19. オレンジとピンクと＿＿＿＿＿＿＿色が好きですか。

20. ＿＿＿＿＿＿＿＿＿日本に来ましたか。

(答) 1. いくら 2. いつ 3. どなたか 4. いつ 5. どれくらい 6. どんな 7. おいくつ
8. なに 9. どこ 10. だれか 11. なぜ 12. どれか 13. どちらか 14. どうか
15. いつか 16. なんじ 17. どう 18. どこか 19. どの 20. どうして

文型パワー　　き〜こ

1. 昨夜は風邪_____だったから、薬を飲んで早く寝ました。　（기분, 느낌）

2. かっこいいと思うと、すぐに真似をしたがる_____がある。　（싫음, 꺼림）

3. 彼は帰った_____、二度と帰って来なかった。　（끝으로）

4. ママの_____大丈夫だとは思いますが、…。　（－의 일이니까）

5. 一雨_____に夏が去り、一雨_____に秋が訪れる。　（마다）

6. まったく_____人だ。こんなところに車を止めては困ります。　（난처하다）

7. タバコは吸わない_____。　（－하기로 하다）

（答）1. 気味　2. きらい　3. きり　4. ことだから　5. ごと　6. 困った　7. ことにしました

5 今日も残業だ！

1. 力になる！語彙

職業(しょくぎょう)	フリーター	に勤(つと)める	退職金(たいしょくきん)
本業(ほんぎょう) =本職(ほんしょく)	上司(じょうし)↔部下(ぶか) /同僚(どうりょう)	で働(はたら)く	⑥ 首(くび)にする
給料(きゅうりょう) /賃金(ちんぎん)	出勤(しゅっきん) ↔退勤(たいきん)	販売職(はんばいしょく)	資格(しかく)を生(い)かす
① 勤(つと)め先(さき) /お勤(つと)め	株式会社(かぶしきかいしゃ)	通勤時間(つうきんじかん)	免許(めんきょ)
② 大手企業(おおてきぎょう) ↔中小一(ちゅうしょう一)	新入社員(しんにゅうしゃいん)	取引先(とりひきさき)	⑦ マネジメント
③ リクルートスーツ	商社(しょうしゃ)マン	領収書(りょうしゅしょ)	投資(とうし)
自営業(じえいぎょう)	サラリーマン =ビジネスマン/OL	単身赴任(たんしんふにん)	履歴書(りれきしょ)
内定(ないてい)する =採用(さいよう)する	営業(えいぎょう)マン =営業社員(えいぎょうしゃいん)	失敗(しっぱい)する	製造業(せいぞうぎょう)
就職(しゅうしょく)する	ラッシュアワー	出張(しゅっちょう)する	息(いき)ぬき
職場(しょくば) =仕事場(しごとば)	ベンチャー産業(さんぎょう)	転勤(てんきん)	定年(ていねん)
面接(めんせつ)を受(う)ける	経理(けいり)	休暇(きゅうか)を取(と)る	⑧ 飲(の)み会(かい)
事務所(じむしょ)	④ エージェンシー	夜勤(やきん)	失業者(しつぎょうしゃ)
従業員(じゅうぎょういん)	貿易(ぼうえき)	⑤ 春闘(しゅんとう)	

① 勤(つと)め先(さき)：근무처
② 大手企業(おおてきぎょう)：대기업
③ リクルートスーツ：취직활동 시 입는 정장
④ エージェンシー：대리점
⑤ 春闘(しゅんとう)：봄에 이루어지는 노동쟁의
⑥ 首(くび)にする：해고하다
⑦ マネジメント：경영, 관리
⑧ 飲(の)み会(かい)：술마시는 모임

2. 間違いやすい！

私は7月から映画館でバイトをしている。そこでチケットを売ったり、ポップコーンや飲み物

を売ったり、お客さんに挨拶をしたりする。チケットを売る時、後でお金が間違ったりしないよう 〔お釣り〕

に気をつけなければならない。この頃は割引カードを使う人がたくさんいて、会計をする時は

けっこう大変だ。もっと〔さらに〕、割引がうまくできたか確認したり、座席をなるべくいい席にしたいと

求められたり〔いう要求に応えたり〕、年齢の制限がある映画の場合、それを確認するとかやることがいろいろある

のだ。今の仕事はおもしろい時もあるが、サービス業なのでけっこう疲れる。変なお客のた

めに涙が出るほど腹が立った時もあるけど、自分のサービスに満足して喜んでくれるお客に

は幸福〔やりがい〕を感じる。もっと一生懸命にやらなくちゃと思う。

映画館での仕事のいい点はまず、映画をただで見られること、いろんな友だちと出会える

こと、性格が明るくなったことだ。大学に通いながらやる仕事なので大変だが、この仕事に

満足している。もっと自慢〔誇り〕を持って働きたいと思う。

日語日文学科　2年　○○さん

3. 書いてみよう！

원포인트

そうだ／ようだ

>>> そうだ

1. 見た目は、おいしそうだ。 　　　　　근거 = 시각 (먹기 전의 평가)
   보기에는 맛있을 것 같다.

2. あの靴、とても高そう。 　　　　　근거 = 시각 (가격을 확인하기 전의 평가)
   저 구두 굉장히 비쌀 것 같아.

3. 風邪を引きそうだ。 　　　　　근거 ≠ 통증 (감기 증상이 나타나기 전)
   감기에 걸릴 것 같다.

>>> ようだ

1. 食べてみたら、こっちの方がおいしいようだ。　　근거 ≠ 시각(먹은 후의 완곡한 평가)

   먹어 보니 이쪽이 맛있는 것 같다.

2. あの靴、とても高いようですね。　　　　근거 ≠ 시각 (가격을 확인한 후의 평가)

   저 구두 굉장히 비싼 모양 이예요.

3. 風邪を引いたようだ。　　　　　　근거 = 통증 (감기 증상이 느껴질 때)

   감기에 걸린 것 같다.

練習問題

밑줄 친 부분에 주의하여 바른 문장에는 (○)을, 틀린 문장은 (×)를 하고, 바르게 고치시오.

1. このとんかつは写真では<u>おいしいようだけど</u>、食べたらまずかったわ。（　　　）

2. いい匂い。<u>おいしいそうだ</u>。（　　　）

3. 今日は仕事があまりないから早く<u>帰りそうだ</u>。（　　　）

4. 大西さんは昨日から休んでいますね。<u>病気ようです</u>。（　　　）

5. 田中さんのカバンがありませんね。彼はもう家に<u>帰ったようです</u>。（　　　）

6. あのダイヤモンド、大きくて、とても<u>高いようですね</u>。（　　　）

7. 来月、2、3日休みが<u>取れそうなので</u>、ふるさとへ帰ろうと思います。（　　　）

8. 今にも雪が<u>降らそうだ</u>。（　　　）

9. あまりにも嬉しくて涙が<u>出そうだ</u>。（　　　）

10. 食べてみたら、<u>豚肉そうだ</u>。（　　　）

（答）1.（×）おいしそうだけど　2.（×）おいしそうだ　3.（×）帰れそうだ　4.（×）病気のようです
5.（○）　6.（×）高そうですね　7.（○）　8.（×）降りそうだ　9.（○）
10.（×）豚肉のようだ

文型パワー　　さ～し

1. 彼女の女王病は＿＿＿＿＿＿＿＿＿＿ひどくなった。（더욱더，보다 더）

2. この＿＿＿＿＿＿行き止まりです。（앞）

3. 日本へいらした＿＿＿＿＿＿ぜひ連絡して下さい。（-때는）

4. 仕事が終り＿＿＿＿＿＿、帰るつもりだ。（-대로，즉시）

   * 동사 ます형 ＋ 次第

5. ＿＿＿＿＿＿＿＿に外は暗くなった。（점차로）

6. 試験の結果＿＿＿＿＿＿では進学できない場合もある。（-따라 결정됨. 나름）

   * 명사 ＋ 次第

7. 土曜日でも日曜日でも、学校に行く＿＿＿＿＿＿＿＿。（- 수 밖에 없었다）

8. 春に＿＿＿＿＿秋に＿＿＿＿＿、過しやすい季節はほんとうにあっという間ですね。

   （-든，-든）

● MEMO ●

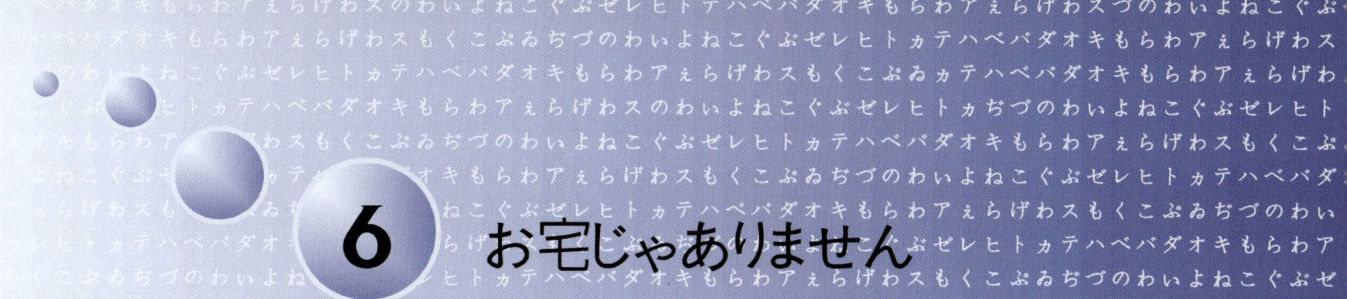

1. 力になる！語彙

ゲーム	釣(つ)り	面白(おもしろ)い	好奇心(こうきしん)
スキー	水泳(すいえい)	手料理(てりょうり)	に興味(きょうみ)がある
クライミング	得意(とくい)	マニア	に慣(な)れる
スポーツ	ならい事(こと)	が好(す)きだ ↔が嫌(きら)いだ	に夢中(むちゅう)だ
ドライブ ／カーナビゲーション	❶ ショーピング	カルチャーセンター	生(い)け花(ばな) ＝花(はな)を生(い)ける
映画(えいが)	❷ グルメ	が得意(とくい)だ	❼ 焼(や)き物(もの)
山登(やまのぼ)り／ハイキング／登山(とざん)	❸ 貧乏旅行(びんぼうりょこう)	が苦手(にがて)だ	茶道(さどう)
絵(え)を描(か)く	キャラクター	忙(いそが)しい	劇場(げきじょう)
音楽鑑賞(おんがくかんしょう) ／クラシック音楽(おんがく)	スナップ写真(しゃしん)を撮(と)る	散歩(さんぽ)する ／町をぶらぶらする	ボランティア活動(かつどう)
楽器(がっき)	❹ デジカメ	❺ テレビっ子(こ)	❽ 心(こころ)にしみる
ピアノを弾(ひ)く	ミュージカル	❻ 昼寝(ひるね)をする	博物館(はくぶつかん)
歌(うた)う	音楽会(おんがっかい)	一人旅(ひとりたび)	ミュージシャン
カラオケ	展覧会(てんらんかい)	旅行(りょこう)	❾ 身(み)につける
演劇(えんげき)	同好会(どうこうかい)	印象(いんしょう)に残(のこ)る	

❶ ショーピング：아이 쇼핑은 윈도우쇼핑이라 함.　　❷ グルメ：미식가

❸ 貧乏旅行(びんぼうりょこう)：배낭여행　　❹ デジカメ：디지털 카메라

❺ テレビっ子(こ)：TV를 너무 좋아하는 사람　　❻ 昼寝(ひるね)をする：낮잠을 자다

❼ 焼(や)き物(もの)：도자기　　❽ 心にしみる：마음속에 크게 와 닿다

❾ 身(み)につける：몸에 익히다

2. 間違いやすい！

私はいろんな趣味を持っている。ネットサーフィン、映画鑑賞、音楽鑑賞などまで至って ~~いた~~

ばっかりだが

普通のことが多い~~んだが~~、気が多くて一つの趣味にあまりはまらないタイプだ。最近この中

で一番熱中しているのは映画鑑賞だ。映画だけでなく、ドラマやショー番組などもよく見てい

る。この場合、外国語の勉強にもなっていいが、字幕なしに見なければあまり腕が上がらな

いようだ。

にはまっていた

昔は動物が大好きでペットを飼うことが~~熱心~~だった。ひよこをはじめとしてすっぽん、ハムス

ター、イグアナなどいろんなペットを飼ったが、飼い主としての資質がないためか、いかに

そのうち

愛情を注いでも、~~次~~に死んでしまって心に傷ついたこともあった。

これからは何か好きなものを収集してみたいと思う。だけど、それにはお金がたくさんかかる

集めようにも

ので、~~集めるのに~~容易くは集められない。だが、趣味というのは人の人生の中で大切な

意味を持っているのだから、自分の本当の好きなこと、または本当の好きなものにかなりのお

金と時間を費やしても自分だけ満足できるなら、惜しくはないだろうと思う。

日語日文学科　2年　○○さん

3. 書いてみよう！

원포인트

と／ば／たら／なら

>>> と： V／A＋と、 N＋だと

> 1 . 진리, 습관, 상식, 권유, 조언
> 2 . 주절이 명령, 의지, 권유, 희망(×)

>>> ば： 가정形에 접속

> 1. 일반적인 상식
> 2. 가정 조건이나 현실과 반대되는 가정
> 3. 동작동사 ＋ 명령, 의지. 권유, 희망(×)

>>> たら： た形에 접속

> 1. 현실과 반대되는 가정이나 확정조건
> 2. 전건이 성립한 상황에서 후건을 나타내기도 함
> 3. 동작동사 ＋ 명령, 의지, 권유, 희망(○)

>>> なら： N／V／A＋なら、 AV＋なら (예: 静かなら)

> 1. 윗사람이나 친하지 않은 사람에게는 잘 쓰지 않는다 (たら가 좋다)
> 2. 한정과 자신의 판단, 조언등

練習問題

と・ば・たら・なら 중에서 적당한 것을 고르시오. (답은 하나가 아닐 수 있음)

1. 右に曲がります。（と・ば・たら・なら）スーパがある。

2. 日本語の勉強をします。（と・ば・たら・なら）日本へ行った方がいいですよ。

3. 東京だ。（と・ば・たら・なら）安い家賃で家は借りられません。

4. 国へ帰ります。（と・ば・たら・なら）連絡してください。

5. お金を払います。（と・ば・たら・なら）だれでも見ることができます。

6. がんばります。（と・ば・たら・なら）必ず合格できます。

7. 試験が始まります。（と・ば・たら・なら）胃が痛くなったものです。

8. 薬を飲みます。（と・ば・たら・なら）病気が治りますよ。

9. お腹がとても痛いんです。（と・ば・たら・なら）この薬を飲むと治ります。

10. 冬になります。（と・ば・たら・なら）毎年、スキーに行く。

11. 私が若いです（本当は若くないです）。（と・ば・たら・なら）走って会社に行きます。

12. 酒を飲む。（と・ば・たら・なら）顔が赤くなる。

13. 教室がうるさいです。（と・ば・たら・なら）勉強できない。

14. 泣きたい。（と・ば・たら・なら）好きなだけ泣けばいい。

15. 辞書を使います。（と・ば・たら・なら）意味が分かります。

文型パワー　　す～そ

1. 迷いに　迷った＿＿＿＿に着いたが、みんな帰ってしまった後だった。（-끝에）

2. 彼＿＿＿＿＿＿＿＿私の本心を分かってくれなかった。（조차, 마저）

3. ごめんなさい。私の＿＿＿＿＿＿＿であんなことになっちゃって…。（탓으로）

4. 私は＿＿＿＿＿＿結婚したいと思っています。（슬슬）

5. 話し合えば＿＿＿＿＿＿＿＿＿の成果がある。（그 나름, 그런대로）

6. 今日は寒い。＿＿＿＿＿＿＿、風も強い。（게다가）

（答）1. すえ　2. すら　3. せい　4. そろそろ　5. それなり　6. それに

学 校

　일본의 학교는 우리와 마찬가지로 **小学校**(しょうがっこう) 6년, **中学校**(ちゅうがっこう) 3년, **高校**(こうこう) 3년 그리고 4년제 **大学**(だいがく)과 2년제 **短大**(たんだい)로 되어 있습니다.

　입학은 우리보다 한 달이 늦은 4월, 졸업은 3월입니다. 3학기제가 일반적으로 겨울방학이 짧은 대신 학년이 바뀌기 전의 봄방학이 우리보다 깁니다.

　주말이나 방학 중에도 교복을 입고 등교하는 중고등학생을 자주 볼 수 있는데, **進学校**(しんがっこう)라 불리는 입시중심의 소수 학교를 제외하면 특별활동인 **部活**(ぶかつ)때문이라고 할 수 있지요. 部活에는 음악, 미술, 문예, 스포츠 등 다양한 분야가 있지만, 그 중에서도 스포츠가 가장 다양하고 인기 있습니다.

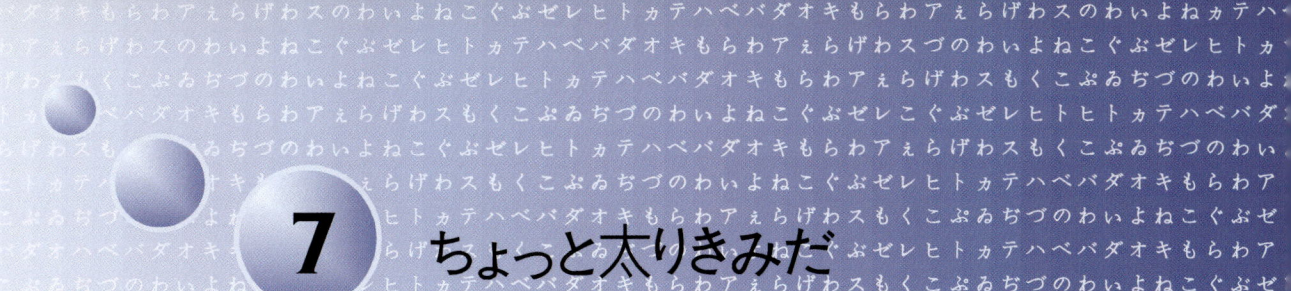

1. 力になる！語彙

健康(けんこう)を守(まも)る	走(はし)る	気分転換(きぶんてんかん)	食(しょく)あたり
朝食(ちょうしょく)をとる/ぬく	肩(かた)をたたく	遺伝(いでん)	病気(びょうき)が治(なお)る
❶ 体(からだ)を鍛(きた)える	半身浴(はんしんよく)	健康診断(けんこうしんだん)を受(う)ける	が痛(いた)い
体(からだ)を動(うご)かす	風呂(ふろ)に入(はい)る =入浴(にゅうよく)	総合病院(そうごうびょういん)	つぼ
運動不足(うんどうぶそく)	シャワーを浴(あ)びる	❸ 漢方薬(かんぽうやく)	体操(たいそう)
体(からだ)を暖(あたた)める	サウナに入(はい)る	❹ もみほぐす	体重(たいじゅう)を計(はか)る
休養(きゅうよう)する	マッサージをする	ヨーガ	ストレッチ
休(やす)む=休憩 (きゅうけい) を取(と)る	スポーツクラブ	糖分(とうぶん)を減(へ)らす	❻ すっきりする
❷ ゆったり	エアロビクス	玄米食(げんまいしょく)	❼ ジム
ストレス解消(かいしょう) ↔ストレスがたまる	太(ふと)る ↔やせる	食(た)べすぎ /飲(の)みすぎ	心のケア
バランスをとる ↔バランスがくずれる	カロリー	肩(かた)こり	食事療法(しょくじりょうほう)
体脂肪(たいしぼう)	ファーストフード	❺ 体(からだ)がだるい	❽ に焦(あせ)る
ダイエット	外食(がいしょく)	疲(つか)れがたまる ↔疲(つ)れが取(と)れる	
自然食(しぜんしょく)	寿命(じゅみょう)がのびる	のどの痛(いた)み	

❶ 体(からだ)を鍛(きた)える ： 몸을 단련하다
❷ ゆったり ： 넉넉한, 여유 있는
❸ 漢方薬(かんぽうやく) ： 한약
❹ もみほぐす: 주물러서 뭉친 근육을 풀어주다
❺ 体(からだ)がだるい: 나른하다, 뻐근하다
❻ すっきりする ： 개운하다
❼ ジム ： 체육관
❽ に焦(あせ)る ： 초조하다

2. 間違いやすい！

今日もいつものようにバスに乗った。バスのドアが開いて、運転手さんの 「いらっしゃいま

~~元気づけられた~~ 元気 ↓ 開いて

せ」という活気に満ちた一言に元気になった。あの運転手さんはバスに乗るすべての人に

を返した

挨拶をした。ある乗客はただ通りすぎて、またある乗客は挨拶に返事した。 へんじ

私たちの社会はあまり元気ではないと思う。しかし、私が経験したバスの中の風景には

活気があった。私が思う元気なこととは人間らしいことをいう。この頃、人間らしくないことが

あまりにもたくさん起きて、混乱する。他人だけでなく親子間の境界も兄弟間の境界もすべて

崩れてきている。

元気

社会が元気になるためには、その社会に属した一人一人の健康が必要である。そして

元気

個人が元気になるためには肉体的なことも重要だが、もっと重要なことは精神的に健康にな

人が優先される

ることだ。私が思う精神的な元気とはお金よりも人だ。お金で買うことができない私たちの

心、私たちが自分の利益だけを考えて今後社会に出たら、私たちの社会が元気になること

はないだろう。それはとてもきびしい。合わせて暮す生…暖かさがとけている社会。元気に

生動する社会の夢をみる。

日語日文学科　2年　○○さん

3. 書いてみよう！

こと / もの / の

》》》 こと : 추상적인 것 (일, 경우, 사항)

> 働くことはいいことだ。
>
> 일하는 것은 좋은 일이다

》》》 もの : 구체적인 사물

> あんなもの（の）が買いたい。
>
> 저런 것을 사고 싶다.

》》》 の : 구체적인 사물

> うまく書けたのを宿題として提出した。
>
> 잘 쓴 것을 숙제로서 제출했다.

→ 술어가 知覚(시각, 감각)을 나타낼 경우

> 子供が泣いているのが聞こえる。
>
> 아이가 울고 있는 것이 들린다.

→ 명사화 (것)

> 学校を休んだのは風邪を引いたからだ。
>
> 학교를 쉰 것은 감기에 걸렸기 때문이다.

》》》 ものだ：「ー 법이다/ー 마련이다」 보편적인 진리나 당연성

> 年を取ると目が悪くなるものです。
>
> 나이를 먹으면 눈이 나빠지는 법입니다.

→ 과거 회상이나 감개

> 子供の頃はよく遊んだものだ。
>
> 아이 적에는 곧잘 놀았었다.

》》》 こと(だ)：「ー할 것」 충고, 명령, 감탄

> 人の陰口は言わないこと。
>
> 남의 험담은 하지 말 것.

》》》 のだ：상황을 설명하거나 설명을 요구하는 경우에 사용

> 頭が痛いんです。
>
> 머리가 아픕니다.

→ 강조나 명령

> <ruby>一体<rt>いったい</rt></ruby>、<ruby>何<rt>なに</rt></ruby>をしていた<u>ん</u>ですか。
>
> 도대체 무엇을 하고 있었던 겁니까.

> <ruby>早<rt>はや</rt></ruby>く<ruby>起<rt>お</rt></ruby>きる<u>ん</u>だ。
>
> 빨리 일어나.

練習問題

（もの・こと・の）중에서 적당한 것을 고르시오.（답은 하나가 아닐 수 있음）

1. <ruby>卒業<rt>そつぎょう</rt></ruby>したらやりたいと<ruby>思<rt>おも</rt></ruby>っている（もの・こと・の）はありますか。

2. <ruby>午後<rt>ごご</rt></ruby>から<ruby>会議<rt>かいぎ</rt></ruby>だという（もの・こと・の）をすっかり<ruby>忘<rt>わす</rt></ruby>れていた。

3. その<ruby>中<rt>なか</rt></ruby>で<ruby>一番<rt>いちばん</rt></ruby><ruby>好<rt>す</rt></ruby>きな（もの・こと・の）をもらってきた。

4. <ruby>母<rt>はは</rt></ruby>がいつもその<ruby>歌<rt>うた</rt></ruby>を<ruby>歌<rt>うた</rt></ruby>っていた（もの・こと・の）を<ruby>思<rt>おも</rt></ruby>い<ruby>出<rt>だ</rt></ruby>した。

5. この<ruby>町<rt>まち</rt></ruby>も、<ruby>昔<rt>むかし</rt></ruby>と<ruby>違<rt>ちが</rt></ruby>ってきれいになった（もの・こと・の）だ。

6. <ruby>今<rt>いま</rt></ruby>まで<ruby>彼<rt>かれ</rt></ruby>は<ruby>恐<rt>おそ</rt></ruby>れという（もの・こと・の）を<ruby>知<rt>し</rt></ruby>らなかった。

7. サービス<ruby>券<rt>けん</rt></ruby>10<ruby>枚<rt>まい</rt></ruby>で、くじを<ruby>一回<rt>いっかい</rt></ruby>ひく（もの・こと・の）ができる。

8. <ruby>用語<rt>ようご</rt></ruby>さえわかれば、<ruby>外国<rt>がいこく</rt></ruby>の<ruby>専門書<rt>せんもんしょ</rt></ruby>を<ruby>読<rt>よ</rt></ruby>む（もの・こと・の）も<ruby>不可能<rt>ふかのう</rt></ruby>ではない。

9. <ruby>今月末<rt>こんげつすえ</rt></ruby>で<ruby>退社<rt>たいしゃ</rt></ruby>する（もの・こと・の）になっている。

10. パーティの（もの・こと・の）、もう山田さんに言った。

11. 無理はしない（もの・こと・の）ですよ。

12. 常に真実を語る（もの・こと・の）は、難しい（もの・こと・の）だ。

13. 生きる（もの・こと・の）はすなわち、人を愛する（もの・こと・の）だ。

14. 子供が泣いている（もの・こと・の）が聞こえる。

15. ビールの冷えた（もの・こと・の）はないですか。

16. 私が昨日会った（もの・こと・の）は田中さんだ。

17. わからないことがあったら、年配の人に聞いてみる（もの・こと・の）だ。

18. この写真は彼女の（もの・こと・の）だ。

19. 自分では買わないような（もの・こと・の）、たとえば、大きな花束などをプレ
ゼントされるのは、うれしい（もの・こと・の）だ。

20. 「どうして電話くらいくれなかった（もの・こと・の）ですか。」
「手が離せなかった（もの・こと・の）ですから。」

（答）1. こと　2. こと、の　3. もの、の　4. こと、の　5. もの　6. もの　7. こと　8. こと、の
9. もの　10. もの　11. もの　12. の、こと／もの・こと・の　13. こと／こと　14. の　15. の
16. の　17. もの　18. もの　19. もの／もの、こと　20. の／もの

文型パワー　た〜つ

1. 毎年、大晦日の除夜の鐘を聞く＿＿＿＿＿＿思い出すことがあります。（ - 때 마다）

   ＊ 동사 기본형 ＋ たびに

2. 面倒で＿＿＿＿＿＿＿＿。（참을 수 없다）

3. ＿＿＿＿＿＿＿＿時差はこちらは一時間早いです。（덧붙여서 말하면）

4. 目を＿＿＿＿＿＿＿人の心を推し量る。（통해서）

5. 経験を＿＿＿＿＿＿＿自信を得る。（통해서）

6. パソコンを替えた＿＿＿＿＿プロバイダーも替えることにしました。（ - 하는 김에）

7. スイッチの点検って＿＿＿＿＿＿＿忘れがちですね。（그냥, 돌연）

8. 彼女はなみだを流し＿＿＿＿＿＿＿語った。（ - 하면서）

（答）1. たびに　2. たまらない　3. ちなみに　4. 通して　5. 通じて　6. ついでに

7. つい　8. つつ

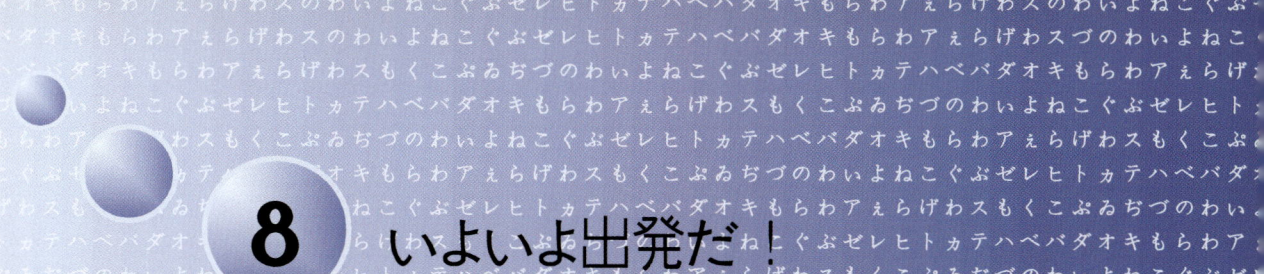
1. 力になる！語彙

海外(かいがい)ツアー	運賃(うんちん)	⑥ 身(み)の回(まわ)り品	問(と)い合(あ)わせ
格安航空券(かくやすこうくうけん)	**割引(わりびき)**	着替(きがえ)	お土産(みやげ)
観光地(かんこうち)	乗車券(じょうしゃけん)	**手荷物(てにもつ)**	景色(けしき)
① パッケージ旅行(りょこう) =パック旅行	乗(の)り物(もの)	荷造(にづく)り	名所(めいしょ)
レンタル	チケット=切符(きっぷ)	用意(ようい)する	記念撮影(きねんさつえい)
② 行(い)き先(さき)	⑤ **乗(の)り換(か)えする**	混(こ)む =混雑(こんざつ)する	見物(けんぶつ)する
出(で)かける	**往復(おうふく) ↔片道(かたみち)**	着(つ)く =到着(とうちゃく)する	疲(つか)れる
旅立(たびだ)つ	**時差(じさ)ぼけ**	泊(と)まる =宿泊(しゅくはく)する	郷土料理(きょうどりょうり)
歩(ある)きまわる	予約(よやく)する	⑦ 日帰(ひがえ)り	⑨ 周遊券(しゅうゆうけん)
③ 一回(ひとまわ)りする	サービスエリアー	二泊三日(にはくみっか)	湯船(ゆぶね)につかる
緑(みどり)の窓口(まどぐち)	バスターミナル	⑧ 朝食(ちょうしょく)つき	温泉巡り(おんせんめぐり)
指定席(していせき)	ガソリンスタンド	わくわくする	地酒(じざけ) ／地ビール
自由席(じゆうせき)	**免税店(めんぜいてん)**	のんびりする	旅館(りょかん) ／民宿(みんしゅく)
④ 夜行(やこう)バス	アウトドア	くつろぐ	ガイドブック
料金(りょうきん)	レジャー	いやす	**地図(ちず)**

① パッケージ旅行(りょこう) : 여행사에서 준비한 여러가지 옵션이 셋트가 된 여행

② 行(い)き先(さき) : 행선지　　③ 一回(ひとまわ)りする : 한 바퀴 둘러보다

④ 夜行(やこう)バース : 한밤중에 출발하여 새벽에 목적지에 도착하는 버스

⑤ 乗(の)り換(か)えする : 갈아타다　　⑥ 身(み)の回(まわ)り品 : 일상용품

⑦ 日帰(ひがえ)り : 당일치기 나들이　　⑧ 朝食(ちょうしょく)つき: 아침식사가 요금에 포함

⑨ 周遊券(しゅうゆうけん) : 일정의 조건에 의해 운임이 활인되는 여행용 쿠폰권

2. 間違いやすい！

私は旅行が大好きで毎年出ています。

そのなかでも去年の夏、友だちと海へ行ったことが一番記憶に残っています。車を借りて

近くのデジョンの海へ行きました。

目の前に広い大きい海を見ると私の心中の悩みや辛いのがみんなとけるみたいな気がしま
（広がっている）（苦しみ）

した。私たちは海を歩きながら学校のこと、家族のこと、恋人とのことなど、いろんな話をしま

した。相手は恋人じゃなくて友だちだったけど、けっこうロマンチックな雰囲気だったので話し

たり写真をとったりしながら夜になってしまいました。
（ているうちに）（降る）

お腹もペコペコだったのでコンビニでカップラーメンを食べました。海を見ながら食べるカッ

プラーメンはけっこうおいしかったです。食べて海辺で花火をしました。
（食べ終えて）

花火も初めてしてみたんですがとても楽しくて時間がたつのも忘れちゃうくらいでした。そうし

ているうちに、もう10時になってしまって私たちは急いで帰りました。

家に着くと夜中の1時で両親にしかられましたが、とても楽しい旅行で、いい思い出になっ
（いたらもう）（だったし）

てよかったなと思います。

日語日文学科　2年　○○さん

3. 書いてみよう！

원포인트

ている／てある

>>> ている ┌ **타동사 : 진행**
             └ **자동사 : ①진행 ②상태**

1. 동작의 진행·계속 (-고 있다) : 読む、書く、乗る、聞く

2. 사람이나 사물의 상태 (-고 있다／-어 있다) : 着る、ぬぐ、はく、酔う

3. 동작의 결과 상태 (-어 있다) : 死ぬ、残こる、立つ、座わる、やむ、つく、ぬれる、落
   ちる、卒業する、着く、行く、来る、寝る

4. 았·었다 : 結婚する、とける, 終わる、似る、ふとる、やせる

>>> てある → **타동사 : 상태**

1. 방치 : 누군가가 한 행위의 결과

窓が開けてある。 (あける［他］＋てある) ／窓が開いている。 (あく自動＋ている)

창문이 열려 있다.(누군가가 열어 놓음)／창문이 열려 있다.

洋服がかけてある (かける［他］＋てある)／洋服がかかっている。 (かかる自動＋ている)

양복이 걸려 있다. (누군가가 걸어 놓음)／양복이 걸려 있다.

2. 준비: 무엇인가를 위해 미리 준비해 놓았다.

電気<ruby>でんき</ruby>がつけてある。 （つける ［他］ ＋てある） ／電気<ruby>でんき</ruby>がついている。 （つく ［自］ ＋ている）

불이 켜져 있다. (누군가가 켜 놓음)　　　 ／ 불이 켜져 있다.

練習問題

밑줄 친 부분에 주의하여 바른 문장에는 （○）을, 틀린 문장은 （✗）를 하고, 바르게 고치시오.

1. 毎年<ruby>まいとし</ruby>、交通<ruby>こうつう</ruby>事故<ruby>じこ</ruby>で多<ruby>おお</ruby>くの人<ruby>ひと</ruby>が死んでいる<u>死んでいる</u>。 （　　　　）

2. あの親子<ruby>おやこ</ruby>はよく<u>似<ruby>に</ruby>た</u>。 （　　　　）

3. 私<ruby>わたし</ruby>が目覚<ruby>めざ</ruby>めた時<ruby>とき</ruby>、母<ruby>はは</ruby>はもう<u>帰<ruby>かえ</ruby>っていた</u>。 （　　　　）

4. 記録<ruby>きろく</ruby>をみると、彼<ruby>かれ</ruby>は過去<ruby>かこ</ruby>の大会<ruby>たいかい</ruby>で<u>優勝<ruby>ゆうしょう</ruby>した</u>。 （　　　　）

5. そんな話<ruby>はなし</ruby>はまだ<u>聞<ruby>き</ruby>かなかった</u>。 （　　　　）

（答） 1. （○） 2. （✗） 似<ruby>に</ruby>ている 3. （○） 4. （✗） 優勝<ruby>ゆうしょう</ruby>している 5. （✗） 聞<ruby>き</ruby>いていない

文型パワー　て～と

1. たとえ先生＿＿＿＿＿＿＿＿、悪いことは悪い。（-이라 해도）

2. 多くの人に大人＿＿＿＿＿＿＿＿認められたいです。（-로서）

3. 英語のテスト、思った＿＿＿＿＿＿合格でしたよ。（-한 대로）

4. ＿＿＿＿＿＿やめられないのなら、せめて健康的にお酒を飲もう。（어차피）

5. 理由は＿＿＿＿＿＿＿＿、練習に遅れた私が悪いです。（어쨌든）

6. ＿＿＿＿＿＿＿＿彼氏の心がわからない。（아무리 -해도）

  ＊どうも ＋ 부정

7. 買う＿＿＿＿＿＿＿＿＿一番安いのしか買えない。（-라고 해도）

8. 私は起きる＿＿＿＿＿＿＿＿テレビをつけます。（-하자마자, -하면 곧）

(答) 1. であっても 2. として 3. とおり 4. どうせ 5. ともかく 6. どうも 7. としても 8. とすぐ

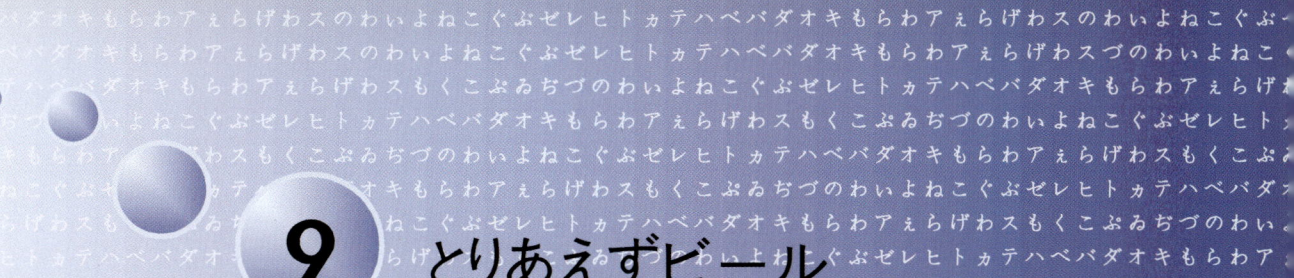

1. 力になる！語彙

ご飯(はん)を炊(た)く	漬物(つけもの)／おしんこ	⑥ 香(こう)ばしい	おすすめ料理(りょうり)
食生活(しょくせいかつ)	ざるそば	焼(や)き魚(ざかな)	⑧ ひかえる
食卓(しょくたく)を囲(かこ)む	ゆでる／煮(に)る／揚(あ)げる／蒸(む)す／炒(いた)める／むく／きざむ	飲(の)み屋(や)＝居酒屋(いざかや)／屋台(やたい)	辛(から)い／甘(あま)い／しぶい／しょっぱい／すっぱい／にがい
① 漬(つ)ける	③ 下(した)ごしらえ	お素材(そざい)	砂糖(さとう)
飲(の)み物(もの)	手作(てづく)り	野菜(やさい)	塩(しお)
温(あたた)める	味(あじ)付(つ)けをする	刺身(さしみ)	醤油(しょうゆ)
スープ＝汁(しる)	④ ボリュームたっぷり	天(てん)ぷら	酢(す)
② 鍋物(なべもの)	好(す)き嫌(きら)いがある	お菓子(かし)	塩加減(しおかげん)
台所(だいどころ)＝キッチン	注文(ちゅうもん)する	果物(くだもの)	調味料(ちょうみりょう)
メニュー＝献立(こんだて)	⑤ なみ↔大盛(おおも)り	取(と)り皿(ざら)／取(と)りばし	⑨ おかわり
牛肉(ぎゅうにく)／豚肉(ぶたにく)／鶏肉(とりにく)	加工食品(かこうしょくひん)／冷凍食品(れいとうしょくひん)	うまい↔まずい	⑩ 勘定(かんじょう)
一品料理(いっぴんりょうり)	味(あじ)が濃(こ)い↔味(あじ)がうすい	手間(てま)をかける	割(わ)り勘(かん)にする
デザート	塩ラーメン／みそー／トンコツー	⑦ 包丁(ほうちょう)さばき	おごる

① 漬(つ)ける：김치등을 절임   ② 鍋物(なべもの)：찌개

③ 下(した)ごしらえ：요리 하기 전 사전준비   ④ ボリュームたっぷり：양이 많음

⑤ なみ↔大盛(おおも)り：보통↔곱빼기   ⑥ 香(こう)ばしい：향기롭다. 구수하다

⑦ 包丁(ほうちょう)さばき：칼 솜씨   ⑧ ひかえる：줄이다

⑨ おかわり：한 그릇 더   ⑩ 勘定(かんじょう)：계산

2. 間違いやすい！

私の趣味と言えば料理です。もともと食べ物が大好きな私ですが、特に料理を作る時

は、何だか落ち着く~~ことになります~~（いてきます）。おいしいものを食べるのも、人生で、なければならない

一つの楽しみだと思います。そして、自分が作った料理を家族や友達など、周りの人々が

おいしく食べてくれると、幸せになります。作れる料理の数は少なくとも、ちゃんと気合いを入

れて作り上げると、内心やったぞ!という気持になり、食べ始めると、何でもできるような力さえ

~~できます~~（沸いてきます）。

私の小さい頃の夢は自分の店を持つことでした。特に料理が上手い~~こと~~（わけ）ではないし、

商人根性のある子でもないくせに、どうしてそんな夢を持ったか、自分も不思議と思っていま

す。今の専攻は料理や経営とは違いますが、できれば自分の日本語の能力を~~使って~~（生かして）、より

いい店を作れる道を探しています。去年の後期、教養科目で＜世界の料理と文化＞を

習ったことがあります。その時、もう一つの夢ができました。それは、世界を一周しながら、

各地の珍しい食べ物を食べてみることです。世界は広すぎて、毎日毎日異なる料理を食べ

る楽しみはたっぷりとあります。

日語日文学科　3年　○○さん

3. 書いてみよう！

はず／わけ／べき

>>> はずだ ：확신적인 판단 (어떤 사실을 근거로 한 논리적인 추론의 결과)

V／A＋はず、N＋のはず、AV＋なはず

> 彼は今ごろ空港に着いたはずだ。（≠わけだ）
>
> 그는 지금쯤 공항에 도착했을 <u>것이다.</u>

1. 납득을 나타냄

> 寒いはずだ。零下20度だよ。（わけだ）
>
> 추운 게 <u>당연해.</u> 영하 20도잖아.

2. 예상한 일이 빗나갔을 때: 이론과 실제가 안 맞을 때

> 1000円で、一万円出したから、つりは9000円のはずなのに。（≠わけだ）
>
> 잔돈을 8000엔 밖에 안 받았을 때 (잔돈을 9000엔 <u>받아야 하는데</u>)

》》》 はずがない : 그럴 가능성이 없다는 강한 확신을 나타냄

> 彼は大阪出張だから、今東京にいるはずがない。（わけだ）
> おおさか しゅっちょう いま とうきょう
>
> 그는 오사카 출장이라서 지금 동경에 있을 <u>리가 없다</u>.

》》》 わけだ : 필연적인 결론을 나타냄

> 私も人間だ。従っていつか死ぬわけだ。
> にんげん したが し
>
> 나도 인간이다. 따라서 언젠가 죽을 <u>것이다</u>.

》》》 わけにはいかない : 하고 싶지만 그럴 수 없다

> 少々の病気で会社を休むわけにはいかない。（≠はずだ）
> しょうしょう びょうき かいしゃ やす
>
> 별거 아닌 병으로 회사를 쉴 수는 없다.

》》》 べきだ : －해야 한다 (의무나 책임)

> 医者は最後まで患者の生命のために戦うべきだ。
> いしゃ さいご かんじゃ せいめい たたか
>
> 의사는 환자의 생명을 위해 최선을 다<u>해야 한다</u>.

》》》 べきではない : －해서는 안 된다

> そんなひどいことを言うべきではなかった。
> い
>
> 그렇게 심한 말을 하는 <u>게 아니었다</u>.

練習問題

밑줄 친 부분에 주의하여 바른 문장에는 (○)을, 틀린 문장은 (✕)를 하고, 바르게 고치시오.

1. あんな小さい子供に負ける<u>わけ</u>がない。 （　　　　）

2. こんな<u>べき</u>ではなかったのに。 （　　　　）

3. 私は来年帰国する<u>はず</u>です。 （　　　　）

4. 今はにぎやかなこの辺りも、昔は静かだった<u>わけ</u>だ。 （　　　　）

5. ハンサムだからといって、必ずしも女にもてる<u>わけ</u>ではない。 （　　　　）

6. 英語をまったく話せない<u>わけ</u>ではないのに、いざとなるとなんだか自信がない。

　　　（　　　　）

7. 今日は土曜日だから、渋滞している<u>べき</u>だ。 （　　　　）

（答）1. （○） 2. （✕）はず 3. （✕）予定 4. （✕） はず 5. （○） 6. （○） 7. （✕）はず

》》》 類義語　　痛い／具合／病気

1. 痛(いた)い : 아프다. 마음이 쓰리다.

> 歯を抜いて一週間経ちますが、まだ痛いです。
>
> 치아를 뽑은지 일주일이 지났는데 아직 아픕니다.

2. 具合(ぐあい) : 몸 상태. 건강상태.

> 体の具合が悪いので午後の会議は休ませていただきます。
>
> 몸이 좋지 않아서 오후 회의는 참석하지 못하겠습니다.

3. 病気(びょうき) : 병. 질환.

> 病気になる。
>
> 병에 걸리다.
>
> このサイトは女性の病気や症状に関して詳しいです。
>
> 이 싸이트는 여성질환이나 증상에 관해서 상세합니다.

文型パワー 　な

1. 父は関節炎に＿＿＿＿＿＿＿＿＿いる。（고생하다）
   <small>かんせつえん</small>

2. 車のない生活＿＿＿＿＿＿＿＿考えられません。（-라느니 하는）
   <small>くるま</small> <small>せいかつ</small> <small>かんが</small>

3. あの先生、50歳＿＿＿＿＿＿＿＿＿。（글쎄 -래）
   <small>せんせい</small> <small>さい</small>

4. 嫌いだということを＿＿＿＿＿＿伝えたが、分かってもらえなかったようだ。
   <small>きら</small> <small>つた</small> <small>わ</small>

   （아무렇지도 않게）

5. 誰が＿＿＿＿＿＿＿、私はあくまでも続けるつもりだ。（뭐라 해도）
   <small>だれ</small> <small>わたし</small> <small>つづ</small>

6. 知らないところは人に聞く＿＿＿＿＿、自分で探す＿＿＿＿するしかない。
   <small>し</small> <small>ひと</small> <small>じぶん</small> <small>さが</small>

   （-든지, -든지）

7. ノック＿＿＿＿＿＿＿＿私の部屋に入らないで下さい。（-없이）
   <small>わたし</small> <small>へや</small> <small>はい</small>

8. ＿＿＿＿＿＿＿きれいに作ってほしい。（훨씬）
   <small>つく</small>

（答） 1. 悩んで　2. なんて　3. なんだって　4. 何気なく　5. 何と言おうと　6. なり

　　　 7. なしに　8. なおさら

10　どっちが勝つと思う？

1.　力になる！語彙

運動(うんどう)する	**①** すばやく	ジムに通(かよ)う	スポーツダンス
競技(きょうぎ)する	**激(はげ)しい**	かっこいい	格闘(かくとう)
体育(たいいく)	**②** 賭(か)ける	競(きそ)う =戦(たたか)う	バスケットボール
試合(しあい)する	**得点(とくてん)**	優勝(ゆうしょう)する	バレーボール
訓練(くんれん)	オリンピック =五輪(ごりん)	勝(か)つ=勝ち取(と)る =勝利(しょうり)する	**⑤** ビリヤード
スポーツウェア	ファウル =反則(はんそく)	負(ま)ける =敗北(はいぼく)	応援(おうえん) ／サポート
練習(れんしゅう)する	プロ↔アマ	勝敗(しょうはい)	記録(きろく)
運動場(うんどうじょう) =グランド	乗馬(じょうば)	**④** 引(ひ)き分(わ)け	**⑥** めげず
コーチ	陸上競技(りくじょうぎょうぎ)	ルールを守(まも)る	**⑦** こつこつと
監督(かんとく)	チーム	ワールドカップ	テニス
選手(せんしゅ)	国技(こくぎ)	決勝戦(けっしょうせん)	**惜(お)しむ／おしい**
楽(たの)しむ	メダル獲得(かくとく)	サッカ	観戦(かんせん)する
悔(くや)しい	**③** 鍛(きた)える	野球(やきゅう)	

① すばやく : 민첩하게　　　　　**②** 賭(か)ける : 내기를 하다

③ 鍛(きた)える : 단련하다　　　**④** 引(ひ)き分(わ)け : 비김

⑤ ビリヤード : 당구　　　　　**⑥** めげず : 기죽지 않고. 굴하지 않고
　　　　　　　　　　　　　　　　　　　　めげる의 미연형.

⑦ こつこつと : 꾸준히

2. 間違いやすい！

私はお尻が重い。イキナリ何の話を言い出すんだ。と思うかも知れないが、

私は外に出るのとあっちこっち歩き回るのが全く面倒くさいんだ。そんな訳で休みの日は

大抵、家で過ごす。私って、閉籠りたがりかも。 〔引き籠り〕

さて、こんな私だって時々体を動かしたくなるのだ。

卓球の授業を選んだのもそんな訳であるが、卓球は前から学びたかったスポーツだっだ 〔習い〕

し、弟はいつも自分が強いって自慢話してるし、そんな弟と卓球をやりたいって言う気持ちが

それを選んだ理由になった訳だ。

その他に楽しいスポーツは何があったっけ。 〔楽しんでる〕

それはボーリングだ。ボーリングは高校3年の受験が終わった頃、おばさんの家へ遊びに

行った時、習ったんだ。これもすっごく好きで友達に会うならボーリングに行こうって誘ってる 〔会えば〕

けど、皆、気にしないみたい。 〔気が進まない〕

今度、機会があれば色んなスポーツを習いたいと思う。ボクシングとか剣道とかビリヤード

とか乗馬もいいなあ。スポーツだけじゃなく習いたいと思うのはたくさんある。世界は広く習い

たいことは一杯！だもん！

日語日文学科　2年　○○さん

3. 書いてみよう！

漢字 ＋ 되다 → 漢字 ＋ される／する

>>> される : 를 택하는 동사. 예를 들어 構成이라는 한자어 앞에 「을」을 붙여
보아 「～을 構成하다」가 자연스러운 경우는 構成される처럼 される를 붙인다.

전부 5개 그룹으로 <u>구성되어</u> 있다.
合わせて五つの組から<u>構成されている</u>。

発見される、注目される、決定する、公開される、確認される、期待される、

制限される、記録される

>>> する: 를 택하지 않는 동사. 예를 들어 重複이라는 한자어 앞에 「을」을 붙여
보아 「～을 重複하다」가 부자연스러운 경우는 重複する처럼 する를 붙인다.

앞문장의 내용과 뒷 문장의 내용이 <u>중복되어</u> 있다.
前の文章の内容と後ろの文章の内容が<u>重複している</u>。

対立する、関連する、悪化する、発達する、鈍化する、共通する、直結する

安定する、成長する、向上する

>>> される／する 양쪽에 속하는 한자말
統一、解決、持続、決定、確定、分断

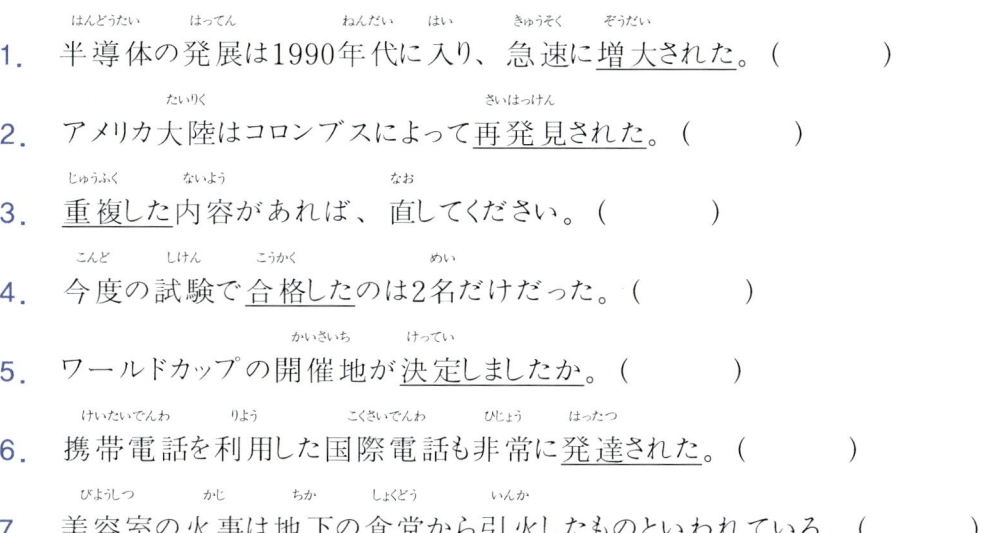

練習問題

밑줄 친 부분에 주의하여 바른 문장에는 (○)을, 틀린 문장은 (✕)를 하고, 바르게 고치시오.

1. 半導体の発展は1990年代に入り、急速に増大された。(　　　　)

2. アメリカ大陸はコロンブスによって再発見された。(　　　　)

3. 重複した内容があれば、直してください。(　　　　)

4. 今度の試験で合格したのは2名だけだった。(　　　　)

5. ワールドカップの開催地が決定しましたか。(　　　　)

6. 携帯電話を利用した国際電話も非常に発達された。(　　　　)

7. 美容室の火事は地下の食堂から引火したものといわれている。(　　　　)

(答) 1. ✕ (増大した)　2. ○　3. ○　4. (○)　5. (○)　6. ✕ (発達した)　7. (○)

文型パワー　　に〜の

1. 歳月が経つ＿＿＿＿＿＿＿記憶も薄れていく。（-함에 따라서）

2. 出席した人は全体の半分＿＿＿＿＿＿＿。（-에 불가하다）

3. 子供を医者＿＿＿＿＿＿＿＿＿。（-로 하다.）

4. 出勤＿＿＿＿＿＿＿人数をチェックした。（-함에 즈음하여）

5. こうした現象は都市部、地方＿＿＿＿＿＿＿存在します。（-에 관계없이）

6. どちら＿＿＿＿＿、今回は無理です。（-라 해도）

7. 昨日はいい天気だった＿＿＿＿＿＿＿、今日は雨だ。（-한데）

8. 参加者は学生＿＿＿＿＿＿＿、社会人も多かった。（뿐만 아니라）

（答）1. につれて　2. に過ぎない　3. にしたい　4. にあたり　5. にかかわらず

　　　6. にしても　7. のに　8. のみならず

1. 力になる！語彙

マスメディア	ラジオ聴取（ちょうしゅ）	天気予報（てんきよほう）	退屈（たいくつ）する
デジタル放送（ほうそう）	❶ のど自慢（じまん）	交通情報（こうつうじょうほう）	❺ しらける
新聞（しんぶん）	❷ 物（もの）まね	スポーツ面（めん）	流行（はや）る
雑誌社（ざっししゃ）	記者（きしゃ）	コマシャール	人気者（にんきもの）
言論（げんろん）	取材（しゅざい）／報道（ほうどう）	出演者（しゅつえんしゃ）	芸能人（げいのうじん）
ネットワーク（ネット）	投稿（とうこう）	ゲスト	❻ ふざける
マスメディア週刊誌（しゅうかんし）	コミック誌（し）	ファン	お笑（わら）い
朝刊（ちょうかん）≠夕刊（ゆうかん）	インターネット	❸ ねた	とらえる
放映（ほうえい）する	情報社会（じょうほうしゃかい）	広告（こうこく）	❼ 慰（なぐさ）め
テレビ局（きょく）	チャンネル／番組（ばんぐみ）	女性誌（じょせいし）	❽ いやらしい
政治面（せいじめん）／経済面（けいざいめん）	視聴者（しちょうしゃ）	❹ 大人向（おとなむ）け	アナウンサー／女子（じょし）アナ
生中継（なまちゅうけい）＝生放送（なまほうそう）	俳優（はいゆう）／女優（じょゆう）	衛星放送（えいせいほうそう）＝衛生中継（えいせいちゅうけい）	

❶ のど自慢（じまん）：노래 자랑 ❷ 物（もの）まね：흉내 내기

❸ ねた：소재. 기사 거리 ❹ 大人向（おとなむ）け：어른을 대상으로 한

❺ しらける：분위기가 깨지다. 흥이 가시다 ❻ ふざける：놀리다. 장난치다. 농담하다

❼ 慰（なぐさ）め：위로. 위안 ❽ いやらしい：불쾌감이 들다. 징그럽다

2. 間違いやすい！

日本語を専攻するが日本映画をたくさん見ない。けれどもこの間映画やドラマを見ながら

しているのに *ていない*

感じたことがある。

日本の映画やドラマは、青少年を主人公にしたものが多そうだ。

いようだ

イジメや家庭の虐待、学校からの疎外感などを題材に扱ったり、青少年を主人公にして

も、結末は、いじめられる子が感動的な方法で希望を探すようになる。

見つけ出せる

言返すと社会で主流を成す人のことではなく、アウトサイダーの話を表わした映画、小説

言い換えれば

が多いみたいだ。こういう日本映画は、特別な事件や、派手な映像もあまりないが、静か

な感動をさせるところが私にとっての魅力だと言える。

醸し出す

そして、日本はホラー映画がわが国より多いようだ。

ホラーのジャンルはどうしても日本の文化に、迷信や幽霊についての信仰が多いからだそうだ

が、日本の観客に人気があるようだ。　　そしてわが国と比べて残虐で、特異な文化がもっと

開放されたために、映画を作る時ももっと積極的に作ることができるのだろうと思っている。

ている

日語日文学科　2年　○○さん

3. 書いてみよう！

원포인트

受け身 (수동 표현)
うみ

1. 신체적인 행위를 받음

> かまれる、ふまれる、さわれる

2. 정신적인 행위를 받음

> ほめられる、しかられる、尊敬される、笑われる、思われる
> そんけい　　　　　わら　　　おも

3. 언어적 행동을 받음

> 言われる、頼まれる、誘われる
> い　　　たの　　　さそ

4. 간접적(정신적)인 고통(경우에 따라서는 곤란하다고 라고 해석해야할 때가 있다.)

> 壊された、盗まれた、とられた
> こわ　　　ぬす

5. 사물을 주어로 했을 때 사용

> オリンピックは4年ごとに行われる。

練習問題

밑줄 친 부분을 일작하시오.

1. 도둑이 경찰에게 <u>붙잡혔습니다</u>. （捕^{つか}まえる）

   → 泥^{どろぼう}棒が警^{けいさつ}察に＿＿＿＿＿＿＿＿＿＿＿＿＿＿。

2. 나는 (누군가에게) 다리를 <u>밟혔습니다</u>. （踏^ふむ）

   → 私^{わたし}は(だれかに)足^{あし}を＿＿＿＿＿＿＿＿＿＿＿＿。

3. 그는 남에게 <u>부탁받으면</u> 싫다고 말하지 못하는 성격입니다. （頼^{たの}まれる）

   → 彼^{かれ}は人^{ひと}に＿＿＿＿＿＿＿＿＿＿いやと言^いえない性^{せいかく}格です。

4. 가족에게 <u>존경받는</u> 아버지가 되고 싶습니다. （尊^{そんけい}敬する）

   → 家^{かぞく}族に＿＿＿＿＿＿＿＿父^{ちちおや}親になりたいです。

5. 이 나라에서는 세 개의 공용어가 <u>사용되고 있다</u>. （使^{しよう}用する）

   → この国^{くに}では、三^みつの共^{きょうようご}用語が＿＿＿＿＿＿＿＿。

6. 어젯밤 내내 아이가 <u>울어대서 곤란했습니다</u>. （泣^なく）

   → 昨^{きのう}日一^{ひとばんじゅう}晩中子^{こども}供に＿＿＿＿＿＿＿＿＿＿＿＿。

7. 동생이 쥬스를 <u>먹어서 곤란했습니다</u>. （飲^のむ）

   → 私^{わたし}は弟^{おとうと}にジュースを ＿＿＿＿＿＿＿＿＿＿＿。

8. 공부하고 있는데 친구가 <u>와서</u> 곤란했습니다. （来る）

→ 勉強している時、私は友達に＿＿＿＿＿＿＿＿＿＿＿。

（答）1. つかまえられる　2. 踏まれました　3. 頼まれたら　4. 尊敬される　5. 使用されている
　　　6. 泣かれました　7. 飲まれました　8. 来られました

文型パワー　　は

1. おじいさんは年をとってから口がうるさくなる＿＿＿＿＿＿＿＿だ。（ー만 한다）

2. 楽しいこと＿＿＿＿＿＿、時にはまじめな話をしたいです。（뿐만 아니라）

3. ヨン様に会いたい＿＿＿＿＿＿、ドラマを録画し、本を買って、ＣＤを買って、もう大変！

   （그런 생각으로）

4. 友達が集まってくる＿＿＿＿＿よ。（당연히 ー할 것이다）

   * はず: 당연한 예상, 결과

5. こんな難しいことを子供が分かる＿＿＿＿＿＿です。（ー당연히 할 리가 없다）

6. 社会人になって＿＿＿＿＿＿世の中の厳しさを知った。（처음으로）

7. 韓国を＿＿＿＿＿＿いろんな国家が参加した。（비롯해서）

（答）1. ばかり　2. ばかりでなく　3. ばかりに　4. はず　5. はずがない　6. 初めて　7. 初めとして

料 理

일본음식점에 들어가 주문을 하는 일은 쉽지 않습니다. 특히 같은 생선이라도 부위에 따라 이름이 달라지는 초밥집 寿司屋에서 밥 위에 얹은 생선인 ネタ를 선택하기란 정말 어렵지요.

일본음식은 흔히 아래와 같이 부류하여 이야기합니다.

ご飯物 밥 종류, 흰밥 외에 여러 가지 재료를 넣어 함께 지은 炊き込みご飯、볶음밥인 チャーハン, 주먹밥인 おにぎり 등이 있습니다.

吸い物 국 종류, 가장 대표적인 것은 된장국인 味噌汁겠지요.

漬物 절인음식, たくあん 등 갖은 야채를 절인 일본의 김치라고 할까요. 한 알씩 포장이 된 梅干し는 해외여행 등에 간편하게 휴대할 수 있어 인기라고 하는군요.

煮物 간장과 설탕 등을 넣고 졸이거나 삶은 음식으로 재료는 야채, こんにゃく, 생선, 고기 등 다양합니다. 肉じゃが는 누구나 좋아하는 대표적인 煮物로 어머니의 손맛인 お袋の味를 생각게 하지요.

揚げ物 튀김, 흔히 天婦羅를 말합니다. 야채나 해산물 등이 주 재료이고 우리처럼 간장 보다는 생강과 무 등을 갈아 넣은 天つゆ나 소금인 塩에 찍어 먹는 것이 일반적입니다.

酢の物 식초인 お酢가 들어간 음식으로 야채, 해초류, 해조류 등을 재료로 한 サラダ 감각의 음식이라고 해야 할까요?

炒め物 볶은 음식으로 야채나 고기 등에 塩나 醤油, ソース 등으로 맛을 냅니다.

焼き物 구은 음식으로 焼き魚인 생선이 대표적이겠지요. 그밖에도 군만두인 焼き餃子、불고기나 갈비 등의 焼き肉, 겨울철 간식의 별미인 焼き芋나 焼き栗도 있군요.

그밖에도 세계적으로도 콩을 가장 많이 먹는 나라인 만큼 다양한 豆腐料理와 건강식으로 더욱 주목을 받는 納豆 등이 있습니다.

1. 力になる！語彙

Eメール ＝電子(でんし)メール	知(し)らせる	5 電話帳(でんわちょう)	使(つか)い方(かた)
インターネット	代(か)わる	公衆電話(こうしゅうでんわ)	固(かた)まる
パソコン	間違(まちが)い電話(でんわ)	国際電話(こくさいでんわ)	検索(けんさく)
伝送(でんそう)	プログラマー	コードレス電話機(でんわき)	消(け)す
ホームページ	アニメーション	ベルが鳴(な)る	ごみ箱(ばこ)に捨(す)てる
添付(てんぷ)	4 空(から)にする	6 かけ直(なお)す	電話に出(で)る
1 上書(うわが)き	携帯電話(けいたいでんわ)＝携帯(けいたい)	切(き)る ↔受(う)ける	メッセンジャー
アドレス	市外局番(しがいきょくばん)	7 お話中(はなしちゅう)	触(ふ)れ合(あ)う
ファイル	仲間(なかま)	8 留守番電話(るすばんでんわ)	9 つながる
2 迷惑(めいわく)メール	通信(つうしん)	受話器(じゅわき)	断(ことわ)る
送信(そうしん)する	移動通信(いどうつうしん)	発送(はっそう)する	テレホンカード
3 取(と)り消(け)し＝キャンセル	電話番号(でんわばんごう)	メールを受(う)け取(と)る	伝言(でんごん)

1 上書(うわが)き：저장   2 迷惑(めいわく)メール：스팸 메일

3 取(と)り消(け)し＝キャンセル：취소   4 空(から)にする：비우기

5 電話帳(でんわちょう)：전화번호부   6 かけ直(なお)す：다시 걸다

7 お話中(はなしちゅう)：통화중   8 留守番電話(るすばんでんわ)：자동응답전화

9 つながる：연결되다

2. 間違いやすい！

元気～？（´∀`）いきなりメールしちゃったりしてびっくりしたでしょ?

学校ではいつも一緒にいるけど、こうやってメールするのは初めてだもんね★
だ

昨日は連絡しないし学校にも来ないから、心配してたの。
取れ

メールはもらったけど・・・。詳しいことは後で話してね。

いよいよ中間テストが終わったのに、今度は課題でいっぱいいっぱいだよ。
やっと

テスト終わったら思いっきり遊ぼうと思ってたのに・・・。（涙）

やっぱ私、学生としてヤバイかも。（笑）

メール読んだら返事ちょうだい。　★待ってまーす！

じゃ、またねー！

11.5　○○より

ごめん～～!!実は昨日、病院へ行ってたの。

タイヘンなことじゃなかったけど、目のアレルギーのため学校へ行けなかった。
が ひどくて

目がとっても痛くて2時間ぐらいなんにも見えなくなってた。ちょっとこわかった。（涙）

ま、いまはダイジョウブだから。心配してくれてありがとう～～

じゃ、話の続きは来週しよう。バイバイー！

11.5　○○より

3. 書いてみよう！

使役表現

》》》 사역동사 / 타동사

お母さんが子供に服を<u>着させる</u>。 （사역동사）

옷을 주고 입게 하는 어감

お母さんが子供に服を<u>着せる</u>。 （타동사）

아이에게 직접 옷을 입혀주는 어감

友達にその写真を<u>見させた</u>。 （사역동사）

친구에게 사진을 주어 보게 하는 어감

友達にその写真を<u>見せた</u>。 （타동사）

친구에게 사진을 직접 보여주는 어감

∴ 짧은 사역수동형: 5단 동사에 한하여 「せられる」→「される」로 축약해 쓰기도 한다.
이 경우 「せられる」와 「される」양쪽을 다 쓸 수 있는데, 특히 회화체에서는 「される」
쪽을 많이 쓴다.

書かせられる → **書かされる**　　待たせられる → **待たされる**

歌わせられる → **歌わされる**　　飲ませられる → **飲まされる**

練習問題

밑줄 친 부분을 일작하시오.

〈シンデレラ物語〉の中で

계모는 신데렐라에게 방 청소를 <u>시켰습니다</u>.

まま母はシンデレラに部屋の掃除を 1.＿＿＿＿＿＿＿。　（する）

테이블 위도 <u>닦게 했습니다</u>. 바닥도 <u>쓸게 했습니다</u>.

テーブルの上も 2.＿＿＿＿＿＿＿。　（拭く）　床も 3.＿＿＿＿＿＿。　（はく）

그리고, 저녁식사 준비를 <u>시켰습니다</u>.

それから、晩ごはんのしたくを 4.＿＿＿＿＿＿のです。　（する）

저녁식사 후에 식기를 <u>닦게 했습니다</u>.

ご飯のあとに食器を 5.＿＿＿＿＿＿。　（洗う）

바쁘게 만들어서, 밤 9시까지 <u>쉬지 못하게 했습니다</u>.

忙しく 6.＿＿＿＿＿、（する）夜の9時まで 7.＿＿＿＿＿でした。　（休ませる）

계모는 첫딸에게는 실크 드레스를 <u>입히고</u>,

まま母は上の娘にはシルクのドレスを 8.＿＿＿＿＿＿、（着る）

둘째딸에게는 하얀 하이힐을 <u>신게 했습니다</u>.

下の娘には白いハイヒールを 9.＿＿＿＿＿＿ました。（履く）

피곤하지 않도록 일찍 밥을 <u>먹게 하고</u>,

疲れないように、早くご飯を 10.＿＿＿＿＿＿、（食べる）

부드러운 침대에서 쉬게 하였습니다.

やわらかいベッドで休ませました。

（答） 1. させました 2. ふかせ 3. はかせました 4. させた 5. 洗わせました 6. させて
7. 休ませません 8. 着させ 9. はかせ 10. 食べさせ

文型パワー　　ひ～ほ

1. ダイエット中^{ちゅう}なので、アルコールを＿＿＿＿＿＿いる。（삼가 하다）

2. 今日^{きょう}は＿＿＿＿＿＿寒^{さむ}い。（무척）

3. 何^{なに}が起^おきても＿＿＿＿＿＿＿だ。（태연하다）

4. 10年^{ねん}＿＿＿＿＿会^あった友達^{ともだち}は見違^{みちが}えるほどだった。（-만에）

5. 学生は勉強す＿＿＿＿＿＿＿だ。（-하지 않으면 안된다）

6. 映画^{えいが}は思^{おも}った＿＿＿＿＿＿ミステリアスでは＿＿＿＿＿＿。（-만큼 -지 않다）

7. 彼^{かれ}は忘^{わす}れ＿＿＿＿＿＿て困^{こま}る。（-경향이 있어서）

（答）　1. 控^{ひか}えて　2. 非常^{ひじょう}に　3. 平気^{へいき}　4. ぶりに　5. べき　6. ほど、なかった　7. っぽく

レストラン

　일본 대도시에서는 전 세계의 음식을 맛볼 수 있다고 할 정도로 다양한 음식점이 있습니다. 한국음식점도 많고 몇 년 전부터는 비빔밥 체인점도 생겼으니 일본여행 중 한국음식이 그리워지면 찾아보는 것도 좋겠지요.

　아주 작은 음식점을 제외하면 대부분은 입구에서 종업원이 자리를 안내해 줍니다. 쇼윈도에 음식 모형을 전시하거나 메뉴판에 사진이 있는 곳이 많아 이름을 몰라도 주문하기가 편리하지요.

　전통 일본음식점이라면 각 지방의 독특한 음식재료와 함께 알코올류도 즐길 수도 있습니다. 泡盛라는 알코올 도수가 높은 沖縄의 술에서 北海道까지 각 지방에서만 만들어낸 地酒와 地ビール 등도 있습니다.

　저렴한 가격과 빠른 시간 내 먹을 수 있는 일본식 ファストフード는 회전초밥인 回転寿司와 쇠고기를 얹은 牛丼과 텐뿌라를 얹은 天丼등의 丼物 (どんぶりもの), 그리고 ラーメン, そばや うどん 등이 있습니다.

　한국과 달리 밥과 반찬을 더 먹고 싶을 경우는 돈을 지불해야만 합니다. とんかつ 전문점의 경우는 양배추와 밥을 맘껏 먹을 수 있는 곳이 많아 젊은이들이 많습니다.

13 魔女の宅配便

1. 力になる！語彙

郵便局(ゆうびんきょく)	返事(へんじ)	小包(こづつみ)	手書(てがき)
郵便(ゆうびん)ポストに入(い)れる	お返(かえ)し	包装(ほうそう)する =コンポする	⑥ ダンボール箱(ばこ)
① 宅配便(たくはいびん)	返信(へんしん)	謹賀新年(きんがしんねん)	⑦ 様(さま)
② クール宅急便(たっきゅうびん)	④ あて先(さき)	昨年(さくねん)	取(と)り扱(あつか)い
手紙(てがみ) =レター	差出人(さしだしにん) ←→受取人(うけとりにん)	元旦(がんたん)	印鑑(いんかん) ／はんこ
年賀状(ねんがじょう)	クリスマスカード	残暑(ざんしょ)お見舞(みま)い	渡(わた)す
絵葉書(えはがき)	国際郵便(こくさいゆうびん)	拝啓(はいけい)	届(とど)く
切手(きって)を貼(は)る	郵便物(ゆうびんぶつ)	敬具(けいぐ) =かしこ	電報(でんぽう)
封筒(ふうとう)	引越(ひっこ)し	追伸(ついしん)	速達(そくたつ)
郵便番号(ゆうびんばんごう)=〒	を出(だ)す	包(つつ)む	配達(はいたつ)
③ 書留(かきとめ)にする	を送(おく)る	かかる	便(びん)せん
暑中(しょちゅう)お見舞(みま)い	エアメール=航空郵便(こうくうびん)／船便(ふなびん)	⑤ 割(わ)れ物(もの)	

① 宅配便(たくはいびん):택배
② クール宅急便(たっきゅうびん):냉장. 냉동 택배
③ 書留(かきとめ):등기
④ あて先(さき):수신인 주소, 성명
⑤ 割(わ)れ物(もの):깨지는 물건
⑥ ダンボール箱(ばこ) :골판지 박스
⑦ 様(さま) :수신인 성명 뒤에 붙임. 귀하

2. 間違いやすい！

謹賀新年
<small>きんが　しんねん</small>

新年あけましておめでとうございます。
<small>しん ねん</small>

昨年
去年はいろいろとお世話になりました。
<small>きょねん</small>　<small>せわ</small>

いただき
特に日本へ行ったとき親切にしてくれて本当にありがとうございました。
<small>とく　に ほん　い　　しんせっ　　　ほんとう</small>

いらして
機会があればぜひ韓国にいらっしゃって下さい。
<small>きかい　　　　　かん こく</small>

平成18年　元旦

　　　　　　　　　　　　　　　　　日語日文学科　2年　○○さん

3. 書いてみよう！

원포인트

尊敬／謙譲

>>> 尊敬

1. れる／られる

借りる(借りられる)、読む(読まれる)、買う(買われる)、話す(話される) …

> いつごろ韓国へ帰られるつもりですか。
>
> 언제 쯤 한국에 돌아가실 예정입니까.

2. お（ご）＋ます形＋になる

※ する、くる、いる、ねる、みると 같은 1음절 동사는 사용 不可.

> おかけになった電話番号は現在、使われておりません。
>
> 지금 거신 전화번호는 현재 사용되고 있지 않습니다.

3. お（ご）＋ます形 ＋です

※ 제한적이고 관용화 되어 있다.

お持ち帰りですか。

테이크 아웃입니까.

どちらへお出掛けですか。

어디로 외출하십니까.

4. お (ご) ＋ます形＋下さい

※ お (ご) ～になる ＋ て下さい를 붙여서 お (ご) ～になって下さい.

존경의 의뢰나 권유 표현이 된다. 보통 になって를 생략하여 お―下さい의 형태로 많이 쓴다.

今日お話くださる方は、金先生です。

오늘 말씀해주실 분은 김선생님입니다.

お話下さい。(お話になってください。)

말씀해 주십시오.

5. お (ご) ＋～なさる

先生はいつも12時にお食事なさいます。

선생님은 늘 12시에 식사하십니다.

>>> 謙譲

1. お (ご) + 〜致(いた)す

> お願(ねが)い致(いた)します。
>
> 부탁드립니다.

2. お (ご) + 〜する

> お宅(たく)までお供(とも)しましょうか。
>
> 댁까지 모실까요.

3. おる : いる의 겸양어

> 楽(たの)しみにしております。
>
> 기대하고 있겠습니다.

練習問題

밑줄 친 부분을 존경 및 겸양 표현으로 말해 보시오.

1. 今何(いまなに)を<u>しています</u>か。 (존경)

   →

2. デパートでは何(なに)を<u>買(か)いました</u>か。 (존경)

→

3. 今日の新聞を読みましたか。（존경）

→

4. お客様がそちらで待っています。（존경）

→

5. インタネットで資料を調べて下さい。（존경）

→

6. 私が手伝います。（겸양）

→

(答) 1. なさっていますか、されていますか 2. 買われましたか 3. 読まれましたか
4. お待ちです 5. お調べ下さい 6. お手伝い致します

文型パワー　　ま〜よ

1. 扇風機をつけた＿＿＿＿＿＿＿寝るのは体によくない。（-한 채로）

   ＊주로 た＋まま형태로 쓰임　　＊N＋のまま형태로 쓰임(なまのまま食べる)

2. この本を手に取り、読もうか、読む＿＿＿＿＿＿かと悩んだことがあった。
   （-할까 -말까）

3. ＿＿＿＿＿＿＿幽霊にも会ったようだ。（마치）

4. 夢に＿＿＿＿＿＿努力してほしい。（-향해서）

5. 子供が知らないのは、＿＿＿＿＿＿＿。（당연하다）

6. 雨の恵みを受ける時期ではある＿＿＿＿、梅雨は好きではありません。（-지만）
   ＊＝けれども、とはいえ

7. データを＿＿＿＿、シミュレーションするためのシステムである。（근거로）

8. 明日の見えない人生であるが＿＿＿＿、一生懸命がんばって生きていきたい。
   （때문에）

（答）1. まま　2. まい　3. まるで　4. 向かって　5. もっともだ　6. ものの　7. もとに　8. ゆえに

参考文献

- 『日本語文型辞典』くろしお出版 1998

- 『日本語学習使い分け辞典』講談社 1996

- 『類義語使い分け辞典』研究社出版

- 『助動詞』外国人のための日本語例文・問題シリーズ8　荒竹出版　1987

- 『基礎日本語辞典』角川書店　森田良行 1989

- 『国語基本用例辞典』教育社

김옥임 (金玉任)

성신여자대학교 일어일문학과 졸업
일본 츠쿠바대학 대학원 문예 언어학과 수학, 언어학 박사
일본어학(의미론)전공
현 성신여자대학교 일어일문학과 교수

「「だろう」と類推」
「「説明のモダリティ」再考」
『일본어기초표현』
『일본어학의 전망』
『일어학 연구의 展開』 외 다수

노명희 (盧明姫)

동경외국어 대학 일본어학과 졸업
동경외국어대학 대학원 석사
현 동국대학교 교수

「조사「の」의 통어적제약에 관한 고찰」 한국일어일문학회
『일본어학의 세계』
『나우이 일본어』
『니혼고 니홍고』 외 다수

나성은 (羅誠恩)

성신여자대학교 일어일문학과 졸업
일본 동경학예(東京学芸)대학에서 일본고전문학으로 박사학위 취득.
현 성신여대 강사

「題詠に関する考察(4)ー「蛍」詠歌を中心にー」 일본학보」외 다수
『한국어2』(역)국제교육진흥원

김훈아(金燻我)

성신여자대학교 일어일문과 및 동 대학원 졸업
일본 센슈(専修)대학에서 일본현대문학으로 박사학위 취득
현 번역작가로 활약중

『재일조선인여성문학론』
『일요일의 석간』(역)
『사랑 후에 오는 것들』(역) 외 다수

일본어 작문 노트Ⅱ

• 초판 인쇄	2006년 3월 1일
• 초판 발행	2006년 3월 1일
• 지 은 이	채종준
• 펴 낸 이	한국학술정보㈜
• 펴 낸 곳	경기도 파주시 교하읍 문발리 526-2
	파주출판문화정보산업단지
	전화 031) 908-3181(대표) · 팩스 031) 908-3189
	홈페이지 http://www.kstudy.com
	e-mail(e-Book사업부) ebook@kstudy.com
• 등 록	제일산-115호(2000. 6. 19)
• 가 격	17,500원

ISBN   89-534-4824-7 93730 (Paper Book)
       89-534-4825-5 98730 (e-Book)